Benedikt XVI.
»Habt keine Angst!«

Benedikt XVI.
»Habt keine Angst!«

Der Papst zu
jungen Menschen

Hrsg. von Marcus C. Leitschuh

Verlag Neue Stadt
München · Zürich · Wien

© Für sämtliche Texte von Papst Benedikt XVI.:
Libreria Editrice Vaticana, 2008
© Für die vorliegende deutsche Auswahl und Zusammenstellung
Verlag Neue Stadt, München 2008
Fotos: Neue-Stadt-Archiv, Fazenda da Esperança/Guaratinguetá
Abbildungen: S. 66, 76, 82, 90: Heinz Liesenfeld
Gestaltung und Satz: Neue-Stadt-Grafik
Druck: Druckhaus Köppl und Schönfelder, Stadtbergen
ISBN 978-3-87996-735-3

Papst Benedikt XVI. hat – ganz auf den Spuren von Johannes Paul II. – bei vielen Gelegenheiten die Begegnung mit jungen Menschen gesucht. Schon beim Weltjugendtag in Köln hat er viele getroffen und begeistert (auch ich durfte ihn als Volontär im Pressezentrum aus nächster Nähe erleben!).

Vielleicht liegt ein Geheimnis darin, wie er den Blick auf Jesus lenkt: auf das Leben mit ihm, auf das, was echt und authentisch ist. Auch wenn es manchmal unbequem erscheint. Doch Papst Benedikt ist überzeugt: »Nichts ist unmöglich für den, der auf Gott vertraut und sich ihm überlässt.« Deshalb dürfen wir träumen von einer anderen Welt – mit offenen Augen!

Viel Freude beim Reinlesen – und den Mut, das eine oder andere von dem umzusetzen, bei dem ihr euch denkt: Da hat er recht! Das wär's!

Das wünscht euch

Marcus C. Leitschuh

[Inhalt]

GEDANKEN 4 you

Du bist wichtig 9 – Träume 10 – Glückssuche 11
Freundschaft 13 – Jesus braucht euch 17 –
Liebe 21 – Gegen den Strom 26 –
Apostel junger Menschen 28 – Berufung 30 –

FRAGEN an den Papst

»Ich glaube an Gott, aber ...« 35 – Die Heilige
Schrift lesen, aber wie? 39 – Gefühle, Liebe, Ehe
und was die Bibel uns dazu sagt 42 – Die große
Herausforderung unserer Zeit 47 – Den Ruf Gottes
erkennen, aber wie? 50 – Sind Wissenschaft und
Glaube Feinde? 51

VERTIEFUNGEN

Eine Frage an Jesus: »Was muss ich tun?«
[Zu Jugendlichen in Brasilien, 2007] 57

Wenn ihr euch ganz unten fühlt ...
[In einem römischen Jugendgefängnis, 2007] 67

Wirklich frei ...
[Botschaft zum XXI. Weltjugendtag, 2006] 77

Auf Jesu Weg
[Ansprache beim XXI. Weltjugendtag, 2006] 83

Auf Fels gebaut
[Zu Jugendlichen in Polen, 2006] 91

Der Heilige Geist in eurem Leben
[Botschaft zum XXIII. Weltjugendtag 2008] 97

Franziskus fasziniert bis heute
[Zu Jugendlichen in Assisi, 2007] 109

GEDANKEN 4 you

von Papst Benedikt XVI.

Du bist wichtig! ....

Jeder von euch ist wichtig.

Denn **jeder von euch**

ist von Gott erkannt

und gewollt.

Für jeden von euch

hat Gott einen Plan.

Den gilt es zu entdecken

und zu verwirklichen.

..... Träume

Habt keine Angst,
**mit offenen Augen
von großen Projekten
zu träumen,**
und lasst euch
von den Schwierigkeiten nicht entmutigen.

Christus vertraut euch;
sein Wunsch ist,
dass ihr eure höchsten und edelsten Träume
vom echten Glück verwirklichen könnt.

Nichts ist unmöglich für den,
der auf Gott vertraut und sich ihm überlässt.

Glücks-suche ....

Das Glück, das ihr sucht,
das Glück, auf das ihr
ein Anrecht habt,
       hat einen Namen,
     ein Gesicht:
Es ist **Jesus von Nazaret.**

[G]ückssuche

Wie bequem ist es doch,
sich mit den oberflächlichen Vergnügungen
zufriedenzugeben, die der Alltag uns bietet;
wie bequem ist es doch,
nur für sich selbst zu leben
und das Leben scheinbar zu genießen!
Aber früher oder später merkt man,
dass dies nicht das wahre Glück ist,
weil es viel tiefer liegt:
Das wahre Glück findet man nur in Jesus.

Freund-
schaft

Jesus ist euer wahrer
>Freund und Herr,

schließt echte Freundschaft
>mit ihm!

Er wartet auf euch,
>und nur in ihm
>findet ihr
>das Glück.

[Die Freundschaft pflegen]

Ich lade euch ein, jeden Tag den Herrn zu suchen, der nichts anderes will, als dass ihr wirklich glücklich seid. Haltet zu ihm eine starke und dauerhafte Beziehung im Gebet aufrecht, und richtet nach Möglichkeit Momente in eurem Tageslauf ein, in denen ihr nur **<u>seine</u> Gesellschaft** sucht. Wenn ihr nicht wisst, wie ihr beten sollt, dann bittet ihn, es euch zu lehren, und bittet seine himmlische Mutter, mit euch und für euch zu beten ...

[Nie allein]

Wenn ihr Jesus nachfolgt,
werdet ihr nie das Gefühl haben,
allein zu sein,
da ihr ein Teil der Kirche seid,
Teil einer großen Familie, in der ihr

in wahrer Freundschaft mit vielen Brüdern und Schwestern
im Glauben,
die in allen Teilen der Welt verstreut leben,
wachsen könnt.

[Keine Angst!]

Habt keine Angst,
Christus euer Leben zu schenken ...
Wenn ihr ihm in Treue folgt,
wird es euch nicht schwerfallen,
die Antwort auf die Fragen zu finden,
die ihr im Herzen tragt:
»Was soll ich tun?
Welche Aufgabe erwartet mich im Leben?«

Jesus braucht euch ....

Jesus braucht euch,
um die heutige Gesellschaft
zu »erneuern«. ...

Der Herr hält euch große Ideale vor Augen,
die euch zu einem schönen Leben
voller Freude verhelfen können.
Seid euch sicher:
Nur wenn man seiner Aufforderung nachkommt,
so anspruchsvoll diese auch scheinen mag,
ist es möglich,
Glück und Frieden für das Herz zu finden.

[Jesus braucht euch]

Die Gesellschaft, die in unserer Zeit von zahllosen sozialen Veränderungen gekennzeichnet ist, erwartet euren Beitrag, um ein weniger egoistisches und immer solidarischeres gemeinschaftliches Zusammenleben aufzubauen, das wirklich von den großen Idealen der Gerechtigkeit, der Freiheit und des Friedens beseelt wird ...

Lasst uns arbeiten für Gerechtigkeit, Frieden, Solidarität und die wahre Freiheit.

[Jesus braucht euch]

Der Herr bittet uns oder, besser gesagt, er fordert von uns, dass wir unsere Herzen öffnen, damit in ihnen immer mehr Liebe, Güte und Verständnis für unsere Mitmenschen sei und für die Probleme, die nicht nur das menschliche Zusammenleben betreffen, sondern auch **den effektiven Schutz und die Bewahrung der natürlichen Umwelt, in der wir alle leben.**

[Jesus braucht euch]

Den neuen Generationen ist die Zukunft des Planeten anvertraut, auf dem die Zeichen einer Entwicklung offensichtlich sind, die es nicht immer verstanden hat, die empfindlichen Gleichgewichte der Natur zu schützen. Bevor es zu spät ist, ist es notwendig, mutige Entscheidungen zu treffen, durch die ein starker Bund zwischen dem Menschen und der Erde neu geschaffen wird. Ein entschlossenes »Ja« zur Bewahrung der Schöpfung und ein starker Einsatz sind notwendig, um jene Tendenzen umzukehren, die in eine Situation unumkehrbaren Niedergangs zu führen drohen.

Liebe

«Wie ich euch geliebt habe, so sollt auch ihr einander lieben« (Joh 13,34). – Sicher erwartet der Herr, dass wir uns von seiner Liebe anziehen lassen und ihre ganze Größe und Schönheit erfahren, aber das genügt nicht! Christus zieht uns an sich, um sich mit einem jeden von uns zu vereinen, damit wir unsererseits lernen, die Brüder und Schwestern **mit derselben Liebe** zu lieben, **mit der er uns geliebt hat** ...

Seid, wenn ihr, die Herzen erfüllt von der Erfahrung der Liebe Gottes, aus diesem Gottesdienst hinausgeht, dazu bereit, in euren Familien, in den Beziehungen zu euren Freunden und auch zu denen, die euch verletzt haben, die Liebe zu »wagen«. Seid bereit, durch ein echtes christliches Zeugnis auf das Umfeld von Studium und Arbeit zu wirken, euch in den Pfarrgemeinden, den Gruppen, den Bewegungen, den Vereinen und in allen Bereichen der Gesellschaft zu engagieren.

[Liebe]

Der Horizont der Liebe
ist wirklich grenzenlos ...!

[Einander achten]

Gott ruft euch auf, euch gegenseitig zu achten, auch in der Zeit des Verliebtseins und der Verlobung ...
Ich sage hier noch einmal zu euch allen: »Eros will uns zum Göttlichen hinreißen, uns über uns selbst hinausführen, aber gerade darum verlangt er einen Weg des Aufstiegs, der Verzichte, der Reinigungen und Heilungen« (Deus caritas est, 5).

Kurz gesagt, er verlangt einen Geist der Opferbereitschaft und des Verzichts um eines größeren Gutes willen, das die alles übersteigende Liebe Gottes ist. Versucht, mit Tapferkeit den Verlockungen des Bösen zu widerstehen, das in vielen Bereichen vorhanden ist, euch zu einem ausschweifenden und paradoxerweise leeren Leben verleitet und euch das kostbare Geschenk eurer Freiheit und eures wahren Glücks verlieren lässt.

[Einander achten]

Die wahre Liebe wird »im Zugehen auf den anderen immer weniger nach sich selber fragen, immer mehr <u>das Glück des anderen wollen</u>, immer mehr sich um ihn sorgen, sich schenken, für ihn da sein wollen« (ebd., 7) und wird daher immer treuer, unauflöslicher und fruchtbarer sein.
Zählt dafür auf die Hilfe Jesu Christi, der dies mit seiner Gnade möglich machen wird.

[Die Freude echter Liebe]

Durch die Hingabe an Gott und die Brüder und Schwestern werdet ihr die Freude dessen erleben, der sich nicht in einem nur allzu oft erstickenden Egoismus in sich selbst zurückzieht. Aber das alles hat natürlich seinen Preis, jenen Preis, den als erster Christus gezahlt hat und den jeder seiner Jünger auch zahlen muss, wenngleich in niedrigerem Maße als der Meister: den Preis des Opfers und der Entsagung, der Treue und der Ausdauer, ohne die es keine wahre Liebe, die ganz frei und Quelle der Freude ist, gibt und geben kann.

Gegen
.... den Strom

Schwimmt gegen den Strom: hört nicht auf die gewinnsüchtigen und verlockenden Stimmen, die heute vielerorts Lebensmodelle propagieren, die von Arroganz und Gewalt, von Überheblichkeit und Erfolg um jeden Preis, vom äußeren Schein und vom Besitz auf Kosten des Seins durchdrungen sind. Ihr seid die Adressaten so vieler Botschaften, die zu euch vor allem durch die Massenmedien gelangen.

Seid wachsam!
Seid kritisch!

Folgt nicht der Welle, die diese mächtige Kampagne der Überredung hervorbringt! Habt keine Angst, liebe Freunde, die »alternativen« Wege zu bevorzugen, die uns von der wahren Liebe aufgezeigt werden: ein nüchterner und solidarischer Lebensstil; aufrichtige und reine Gefühlsbeziehungen; ein rechtschaffener Einsatz im Studium und in der Arbeit; das tiefe Interesse

[Gegen den Strom]

am Gemeinwohl. Habt keine Angst, anders zu erscheinen und für das kritisiert zu werden, was erfolglos und altmodisch erscheinen mag: eure Altersgenossen, aber auch die Erwachsenen, und besonders diejenigen, die der Gesinnung und den Werten des Evangeliums am fernsten zu stehen scheinen, haben ein tiefes Bedürfnis danach, jemanden zu sehen, der es wagt, entsprechend der von Jesus Christus geoffenbarten Fülle des Menschseins zu leben.

Apostel junger
.... Menschen

Ihr seid die jungen Menschen der Kirche ... Seid die Apostel der jungen Menschen. Ladet sie ein, mit euch zu gehen und wie ihr den Glauben, die Hoffnung und die Liebe zu erfahren und Jesus zu begegnen, um sich wirklich geliebt und angenommen zu fühlen, mit der vollen Möglichkeit, sich zu verwirklichen.

[Apostel junger Menschen]

Der Geist Jesu lädt euch Jugendliche heute dazu ein, Überbringer der guten Nachricht Jesu an eure Altersgenossen zu sein ...

Ihr kennt
   die Ideale,
   die Sprache
   und auch die Wunden
   und Erwartungen
   eurer Altersgenossen
   sowie ihre Sehnsucht
   nach dem Guten.

..... Berufung

Der Heilige Geist hat euch hierher geführt. Ihr seid gekommen mit euren Zweifeln und Gewissheiten, euren Freuden und Sorgen. Jetzt liegt es an jedem von euch, euer Herz zu öffnen und Jesus alles anzuvertrauen. Sagt ihm:

Hier bin ich,
sicher bin ich noch nicht so,
wie du mich möchtest,
ich verstehe mich selbst nicht bis ins Letzte.
Aber **mit deiner Hilfe bin ich bereit, dir zu folgen.**

[Berufung]

Fürchtet euch nicht!
Habt keine Angst!
Der Heilige Geist ist mit euch;
er wird euch niemals verlassen.
Alles ist dem möglich,
der auf Gott vertraut ...
Liebe Jugendliche,
wenn der Herr euch ruft,
auf innigere Weise
in seinen Dienst zu treten,
dann antwortet großzügig.
Ihr könnt sicher sein:

Ein Leben für Gott ist niemals vergeblich eingesetzt.

[Berufung]

Das Leben im Glauben
und im Gebet
wird euch leiten auf den Wegen der
Vertrautheit mit Gott
und der Erkenntnis
der Größe der Pläne,
die er für jeden Menschen hat.

FRAGEN AN DEN PAPST

*Frage: **Ich glaube an den Gott,** der mich innerlich angerührt hat. **Aber** vieles verunsichert mich auch, ich habe Fragen und Ängste. Mit meinen Freunden ist es nicht leicht über Gott zu sprechen. Viele von ihnen fühlen sich von der Kirche nur kritisiert, die sich ihrem Wunsch nach Glück und Liebe widersetze. Gegenüber dieser Ablehnung komme ich mir sehr allein vor; so gern würde ich die Nähe Gottes spüren. Wo ist Gott in diesem Schweigen, Heiliger Vater? (Sara Simonetta)*

Ja, auch als gläubige Menschen kennen wir das Schweigen Gottes. In dem Psalm, den wir vorher gebetet haben, findet sich der fast verzweifelte Schrei: »Rede, Gott, verbirg dich nicht!« Vor kurzem wurde ein Buch mit der geistlichen Erfahrung von Mutter Teresa veröffentlicht. Was man bereits wusste, zeigt sich hier noch offensichtlicher: Trotz all ihrer Liebe und Glaubenskraft litt Mutter Teresa auch unter dem Schweigen Gottes.

[Wenn Gott schweigt]

Einerseits müssen wir dieses **Schweigen Gottes** ertragen, auch um unsere Brüder und Schwestern zu verstehen, die Gott nicht kennen. Andererseits können wir mit dem Psalm immer wieder aufs Neue zu Gott rufen: »Rede, zeig dich!« Zweifellos gibt es in unserem Leben, sofern unser Herz offen ist, auch die großen Momente, in denen wir die Gegenwart Gottes wirklich spüren.

Da fällt mir eine kleine Geschichte ein, die Johannes Paul II. erzählte, als er – noch nicht Papst – die Exerzitien im Vatikan gehalten hat. Nach dem Krieg habe ihn ein russischer Offizier aufgesucht. Dieser war Wissenschaftler und sagte zu ihm: »Ich bin überzeugt, dass es Gott nicht gibt. Aber wenn ich in den Bergen bin, bin ich angesichts ihrer majestätischen **Schönheit** und Größe genauso überzeugt, dass da ein Schöpfer ist, dass es Gott gibt.«
Die Schönheit der Schöpfung ist eine der Quellen, wo wir Gottes Schönheit wirklich berühren können. Da können wir sehen, dass es einen Schöpfer gibt und dass er gut ist; dass es stimmt, was die Heilige Schrift in der Erzählung von der Erschaffung der Welt sagt: dass Gott diese Welt mit seinem Herzen, seinem Willen, seinem Verstand erdacht und gemacht hat, und dass sie gut war. Auch wir müssen gut sein, um mit offenem Herzen die wahre Präsenz Gottes wahrzunehmen. Wenn wir dann das Wort Gottes in den großen liturgischen Feiern hören, bei den Festen des Glaubens, in der großartigen Musik des Glaubens, spüren wir diese Gegenwart.

Hier fällt mir eine andere kleine Geschichte ein, die mir vor kurzem ein Bischof während des Ad-limina-Besuchs erzählt hat. Er erzählte von einer Frau, die keine Christin, aber sehr klug war. Fasziniert hörte sie die großen Kompositionen von Bach, Händel, Mozart an. Eines Tages sagte sie: »Ich muss die Quelle finden, aus der eine solche Schönheit kommen kann.« Diese Frau wurde eine katholische Christin; denn sie hat entdeckt, dass diese Schönheit aus einer Quelle kommt: es ist Christi Gegenwart im Herzen der Menschen; die Offenbarung Christi in dieser Welt. Große Glaubensfeste, liturgische Feiern also, aber auch das persönliche Gespräch mit Christus helfen, ihn wahrzunehmen. Nicht immer antwortet er, aber es gibt Momente, in denen er wirklich antwortet.

Weiter braucht es **Freundschaft**, das Miteinander des Glaubens. Wir sind jetzt hier in Loreto versammelt und sehen, dass der Glaube vereint; Freundschaft schafft eine Gemeinschaft von Menschen, die miteinander auf dem Weg sind. All dies kommt nicht von nichts, sondern hat wirklich eine Quelle. **Der Gott des Schweigens ist auch ein Gott, der redet**, der sich offenbart. Wir selbst können Zeugen seiner Gegenwart sein; unser Glaube kann sich wirklich als ein Licht auch für die anderen erweisen.

Ich würde also sagen, auf der einen Seite müssen wir akzeptieren, dass Gott in dieser Welt ein stiller Gott ist. Aber wenn er spricht, wenn er sich bei vielen Gelegenheiten zeigt, dürfen wir uns nicht taub stellen. Vor allem in der Schöpfung, in einer schönen Liturgie, in der Freundschaft innerhalb der Kirche nehmen wir die Gegenwart des Herrn war. Und wenn wir von seiner Gegenwart erfüllt sind, können auch wir den anderen Licht geben.

[Wie von Gott sprechen?]

Damit komme ich zum zweiten Punkt bzw. zum ersten Teil der Frage: Es ist heute schwierig, mit den Freunden über Gott zu sprechen. Das ist vielleicht noch schwerer, als über die Kirche zu reden. Denn sie verstehen Gott nur als **Begrenzung unserer Freiheit**, als Gott von Geboten und Verboten, und die **Kirche als Institution, die unsere Freiheit einschränkt und uns Verbote auferlegt**. Wir müssen versuchen, ihnen eine lebendige Kirche sichtbar zu machen – etwas ganz anderes als die Vorstellung von einem Machtzentrum und derartige Klischees, sondern Gemeinschaften von Gruppen, in denen trotz aller Probleme, die das Leben für jeden bereithält, **Freude zu leben** aufkommt.

Hier fällt mir eine dritte Erinnerung ein. Ich war während meiner Brasilienreise auch in der *Fazenda da Esperança*, einer großen Einrichtung für Drogenabhängige; diese finden dort neue Hoffnung, Freude am Leben; sie haben bezeugt, dass gerade die Entdeckung, dass Gott existiert, ihre Verzweiflung »geheilt« hat. Sie haben verstanden, dass ihr Leben einen Sinn hat, sie haben wieder zur Freude darüber gefunden, auf dieser Welt zu sein, und die Kraft, sich mit Freude den Problemen des menschlichen Lebens zu stellen.

Trotz all der Probleme, die es gibt, gibt es in jedem menschlichen Herz den Durst nach Gott. Und wo Gott entschwindet, entschwindet auch die Sonne, die Licht und Freude schenkt. Dieser Durst nach dem Unendlichen, der in unseren Herzen brennt, zeigt sich auch im Zusammenhang der **Drogen**: Der Mensch sucht eine Bewusstseinserweiterung, will mehr vom Leben haben, will das Unendliche; doch die Droge ist eine Lüge, ein Betrug; denn sie erweitert das Leben nicht, sondern zerstört es. Wahr ist der große Durst, der uns von Gott spricht und zu ihm in Bewegung setzt. Aber wir müssen uns gegenseitig helfen. Christus ist dazu gekommen, ein Netz der Gemeinschaft auf der Welt zu knüpfen, durch das wir uns gegenseitig tragen können; dadurch können wir einander helfen, zusammen den Weg des Lebens zu finden und die Gebote Gottes nicht als Begrenzungen unserer Freiheit zu begreifen, sondern als Wege, die uns zum anderen führen, zur Fülle des Lebens.

Bitten wir den Herrn, dass er uns helfe, seine Gegenwart zu verstehen; von seiner Offenbarung, seiner Freude erfüllt zu sein; einander in der Gemeinschaft des Glaubens zu helfen, um voranzugehen und in Christus immer mehr das wahre Antlitz Gottes und somit das wahre Leben zu finden.

*Frage: Angesichts von Angst und Unsicherheit vor der Zukunft, aber auch einfach, wenn mich die Routine des Alltags im Griff hat, <u>**spüre ich, dass ich das Wort Gottes brauche**</u> und Christus tiefer kennen muss, um Antworten auf meine Fragen zu finden. Oft frage ich mich, was wohl Jesus in einer bestimmten Situation an meiner Stelle tun würde, aber nicht immer verstehe ich, was die Bibel mir sagt. Außerdem weiß ich, dass die Bücher der Bibel von verschiedenen Personen geschrieben wurden, in ganz unterschiedlichen Epochen, die mir sehr fern sind. <u>**Wie kann ich das, was ich lese, dennoch als Wort Gottes erkennen, das an mein Leben gerichtet ist?**</u> (Simon)*

Zunächst und als erstes möchte ich unterstreichen, dass wir die Heilige Schrift nicht wie ein beliebiges historisches Buch lesen dürfen, so wie wir etwa Homer, Ovid oder Horaz lesen. Wir müssen die Heilige Schrift als das lesen, was sie ist: Wort Gottes, das heißt, es kommt darauf an, ins Gespräch mit Gott einzutreten.

[Die Heilige Schrift lesen – aber wie?]

Wenn wir zu lesen beginnen, müssen wir erst einmal beten, mit dem Herrn sprechen, ihn bitten: »Öffne mir die Tür.« Augustinus sagte in seinen Predigten häufig: »Ich klopfe an die Tür des Wortes, um endlich zu finden, was der Herr mir sagen will.« Das scheint mir sehr wichtig, dass wir die Heilige Schrift nicht in einer »akademischen« Weise lesen, sondern indem wir mit dem Herrn sprechen und ihn bitten: »Hilf mir, dein Wort zu verstehen, hilf mir zu verstehen, was du mir heute damit sagen willst.«

Zweitens: Die Heilige Schrift führt hinein in die Gemeinschaft der Familie Gottes. Wir können die Schrift also nicht für uns allein lesen. Natürlich ist es wichtig, selbst die Bibel zu lesen, im persönlichen Gespräch mit Gott. Doch zugleich ist es wichtig, sie in Gemeinschaft mit Menschen zu lesen, die mit uns zusammen auf dem Weg sind. Lassen wir uns dabei von den großen Lehrmeistern der *lectio divina* [der geistlichen Schriftlesung] helfen. Es gibt wunderschöne Bücher von Kardinal Martini – er ist ein wahrer Meister der *lectio divina* –, die uns helfen, in die Heilige Schrift einzudringen. Er kennt sich sehr gut aus mit dem geschichtlichen Umfeld und den charakteristischen Elementen der Vergangenheit, doch er versucht immer auch, die Tür zu öffnen und zu zeigen, dass die scheinbar vergangenen Worte auch **Worte für heute** sind. Solche Lehrer helfen uns, die Schrift besser zu verstehen und zu lernen, wie man die Heilige Schrift richtig liest. Im Allgemeinen ist es gut, die Heilige Schrift auch zusammen mit Freunden zu lesen, die mit mir zusammen unterwegs sind und wie ich danach fragen, wie man mit Christus leben kann, welches Leben aus dem Wort Gottes hervorgeht.

Ein dritter Punkt: Wenn es schon wichtig ist, die Heilige Schrift mit Unterstützung von Lehrern und in Begleitung von Freunden zu lesen, dann ist es besonders wichtig, die Heilige Schrift in Gemeinschaft mit dem großen pilgernden Gottesvolk, das heißt in der Gemeinschaft der Kirche zu lesen. Die Heilige Schrift hat zwei Subjekte: an erster Stelle das göttliche Subjekt: Es ist Gott, der spricht. Doch Gott wollte den Menschen in sein Wort mit einbeziehen. Während die Muslime überzeugt sind, dass der Koran von Gott wortwörtlich inspiriert ist, gehen wir, was die Heilige Schrift betrifft, von einer für sie typischen »Synergie« aus – wie die Theologen sagen –, das heißt von einem Zusammenwirken Gottes mit dem Menschen. Gott lässt sein Volk an seinem Wort teilnehmen; deshalb hat die Heilige Schrift ein zweites, ein menschliches Subjekt ... Es gibt einzelne Verfasser, und es gibt die Kontinuität eines »fortdauernden« Subjekts: das Gottesvolk, das mit dem Wort Gottes unterwegs und im dauernden Gespräch mit Gott ist. Indem das Volk auf Gott hört, lernt es auf Gottes Wort zu hören und es auch zu deuten. Auf diese Weise bleibt Gottes Wort gegenwärtig ...

Diese drei Elemente sollten wir lernen: die Schrift im persönlichen Gespräch mit dem Herrn lesen; sie lesen in Begleitung von Lehrern, die Glaubenserfahrung haben, die in die Heilige Schrift eingedrungen sind; und sie lesen in der großen Gemeinschaft der Kirche, in deren Liturgie diese Ereignisse stets von neuem gegenwärtig werden: in ihr spricht der Herr jetzt zu uns. So werden wir nach und nach in die Heilige Schrift eindringen, in der Gott auch heute wirklich zu uns spricht.

*Frage: **Ein Problem, das uns besonders beschäftigt, sind die Gefühle.** Oft haben wir Mühe zu lieben. Ja, denn es ist leicht, **Liebe** mit Egoismus zu verwechseln, insbesondere heute, da uns in den Medien oft eine individualistische, verweltlichte Sicht der Sexualität aufgedrängt wird; alles scheint erlaubt, alles wird im Namen der Freiheit und des Gewissens des Einzelnen gestattet. Die auf der Ehe gründende Familie scheint heute kaum mehr als eine Erfindung der Kirche zu sein, ganz zu schweigen von den vorehelichen Beziehungen, deren Verbot selbst vielen Gläubigen unverständlich und rückständig erscheint ... Viele von uns versuchen, verantwortlich mit ihren Gefühlen umzugehen. Können Sie uns erklären, **was das Wort Gottes in diesem Zusammenhang sagt?** (Anna)*

Auf diese umfassende Frage kann man unmöglich in wenigen Minuten antworten; aber ich versuche mein Bestes. Anna selbst hat dazu schon gesagt, dass man die Liebe heutzutage häufig falsch interpretiert, als ob es eine **egoistische Erfahrung** wäre. Doch lieben bedeutet, sich selbst loszulassen, um so sich selbst zu finden. Anna sagte weiter, dass eine Kultur, die nur auf Konsum aus ist, unser Leben entstellt, weil ein Relativismus, der scheinbar alles gestattet, in Wirklichkeit nur **Leere** zurücklässt. Hören wir also, was das Wort Gottes in diesem Zusammenhang sagt; das wollte Anna ja wissen.

[Ein gemeinsames Leben]

Ich finde sehr schön, dass wir schon auf den ersten Seiten der Heiligen Schrift, gleich nach der Erzählung von der Erschaffung des Menschen, eine Art Definition von Liebe und Ehe finden. Es heißt dort: »Darum verlässt der Mann Vater und Mutter und bindet sich an seine Frau und sie werden ein Fleisch« (Genesis 2,24). Ganz am Anfang der Bibel stoßen wir schon auf eine prophetische Aussage über das, was die Ehe ist. Dieselbe Aussage findet sich auch im Neuen Testament. Mit Ehe ist gemeint, dem anderen in Liebe zu folgen und so ein gemeinsames Leben zu führen, »ein Fleisch« zu werden und so unzertrennlich. Eine neue Existenz entsteht aus dieser Gemeinschaft der Liebe, die verbindet und neues Leben schafft. Die Theologen des Mittelalters deuten diese Aussage der Heiligen Schrift folgendermaßen: Sie sagen, die Ehe sei das erste von Gott eingesetzte Sakrament, und zwar bereits mit der Schöpfung, im Paradies, am Anfang der Geschichte, noch vor jeder Geschichte der Menschen. Sie ist ein Sakrament des Schöpfers des Universums und somit ins

Wesen des Menschen selbst eingeschrieben ... Das Ehesakrament ist also keine Erfindung der Kirche; es ist tatsächlich mit dem Menschen als solchem »miterschaffen«. Es ist eine Frucht der Dynamik der Liebe, durch die Mann und Frau einander finden und so auch den Schöpfer, der sie **zur Liebe gerufen** hat.

Nun ist der Mensch »gefallen« und aus dem Paradies vertrieben. Moderner ausgedrückt: Jede Kultur ist von der Sünde, den Irrwegen der Menschen in der Geschichte gezeichnet; der ursprüngliche Plan Gottes, der unserer Natur eingeschrieben ist, ist somit verdunkelt. Dies zeigt sich beim Blick auf die Kulturen und die Kulturgeschichte der Menschheit. Zugleich kann man feststellen, dass der Mensch diesen Plan, der tief in seinem Wesen liegt, nie ganz vergessen konnte. Er hat in gewissem Sinn stets gewusst, dass die anderen Formen der Beziehung zwischen Mann und Frau in Wirklichkeit nicht dem ursprünglichen Plan entsprachen. So kann man insbesondere in den großen Kulturen stets aufs Neue erkennen, dass sie sich auf die Einehe hinorientieren, auf das Ein-Fleisch-Werden von Mann und Frau. In dieser Treue der Ehepartner kann eine neue Generation heranwachsen, eine kulturelle Tradition weitergehen, indem sie sich erneuert und in der Kontinuität einen authentischen Fortschritt verwirklicht.

Darüber hat Christus in der Sprache der Propheten in Israel gesprochen. Im Blick darauf, dass Mose die Scheidung [unter bestimmten Bedingungen] erlaubt hat, sagte er, Mose habe dies nur »wegen der Härte eures Herzens« zugestanden. Nach dem Sündenfall ist das Herz »verhärtet«. Der ursprüngliche Plan des Schöpfers, auf dem die Propheten mit zunehmender Klarheit bestanden, war anders.

[Eine Art »Herztransplantation«]

Um den Menschen zu erneuern, hat der Herr ... in Anlehnung an Ezechiel gesagt, dass wir ein neues Herz brauchen, um diese Berufung zu leben. Statt eines Herzens aus Stein, wie Ezechiel sagt, brauchen wir ein Herz aus Fleisch, ein wahrhaft menschliches Herz. In der Taufe, durch den Glauben, wird uns dieses neue Herz »eingepflanzt«. Das ist natürlich kein physischer Vorgang, aber vielleicht kann uns der Vergleich helfen. Nach einer Organtransplantation muss der Organismus mit den entsprechenden Medikamenten behandelt werden, damit er mit dem neuen Herzen leben kann, damit es »sein Herz« wird und ihm nicht fremd bleibt. Das gilt umso mehr für diese »geistliche Verpflanzung«, durch die der Herr uns **ein neues Herz** schenkt, ein Herz, das offen ist für den Schöpfer, für die Berufung durch Gott; damit wir mit diesem neuen Herzen leben können, brauchen wir die richtige »Behandlung«, die entsprechende »Medizin«, damit es wirklich »unser Herz« wird. Das wird möglich, wenn wir in Gemeinschaft mit Christus, mit seiner Kirche, leben. Die Ehe, die ausschließliche Liebe zwischen einem Mann und einer Frau, das Leben zu zweit, wie es der Schöpfer entworfen hat, ist möglich, auch wenn es in unserer Zeit schwirig, ja fast unmöglich scheint. Der Herr gibt uns ein neues Herz. Leben wir mit diesem neuen Herzen, indem wir die entsprechende Arznei gebrauchen, damit es »unser Herz« wird. Auf diese Weise verwirklicht sich in unserem Leben, was der Schöpfer uns geschenkt hat; dies ist ein wirklich glückliches Leben! Das können wir – trotz vieler anderer Lebensmodelle – auch in unserer Welt sehen: Es gibt viele christliche Familien, die in Treue und mit Freude ein Leben in der Liebe führen, wie der Schöpfer es zeigt; so entsteht eine neue Menschheit.

Zuletzt möchte ich anfügen: Um im Sport oder im Beruf seine Ziele zu erreichen, braucht man bekanntlich Disziplin und Verzicht; doch wenn man am Ziel ist, weiß man, dass sich der Einsatz gelohnt hat. Ebenso erfordert das Leben selbst, unsere menschliche Entfaltung im Sinne Jesu, Verzicht. Das ist jedoch nichts Negatives; vielmehr hilft uns der Verzicht, als Menschen mit einem neuen Herzen zu leben, ein echt menschliches, glückliches Leben zu führen. In einer Konsumgesellschaft, die uns von dem Plan des Schöpfers abbringen möchte, brauchen wir den **Mut, Oasen zu schaffen**, Räume einer christlichen Kultur, wo man gemäß dem Plan des Schöpfers lebt.

*Frage: Sie haben gesagt, es brauche »dringend eine **neue Generation von Aposteln**, die im Wort Christi verwurzelt sind«. Das sind so starke und anspruchsvolle Worte, dass einem fast angst werden könnte. Natürlich wollen auch wir »neue Apostel« sein. Können Sie uns mehr dazu sagen, **worin Sie die größten Herausforderungen für uns heute sehen** und wie Sie sich diese »neuen Apostel« vorstellen? Anders gesagt: Was erwarten Sie sich von uns ...? (Inelida)*

[Die Herausforderung unserer Zeit]

Wir alle fragen uns, was der Herr von uns erwartet. Mir scheint, die große Herausforderung unserer Zeit ... ist die fortschreitende Säkularisierung, das heißt eine Art zu leben und die Welt darzustellen, »*si Deus non daretur*«, **als ob es Gott nicht gäbe**, als ob er nicht existierte. Man betrachtet **Gott als Privatangelegenheit**, man reduziert ihn auf ein **Gefühl**, als ob er keine objektive Wirklichkeit wäre. So macht sich jeder seinen eigenen Lebensentwurf. Diese Auffassung gibt vor, wissenschaftlich zu sein; sie akzeptiert nur das als gültig, was im Experiment überprüfbar ist. Doch Gott ist dem unmittelbaren Experiment nicht zugänglich; solche Auffassungen werden die Gesellschaft schließlich zerreißen. Denn jeder entwirft seinen eigenen Plan, und schließlich steht jeder gegen jeden. Eine solche Situation ist zweifellos nicht lebbar, wie man sieht. Es kommt also darauf an, Gott aufs Neue in unserer Gesellschaft sichtbar zu machen. Das scheint mir das Wichtigste: dass Gott wieder in unserem Leben präsent ist, dass wir nicht leben, als wären wir autonom, als wären wir berechtigt, uns selbst auszudenken, was Freiheit und Leben sind. Wir müssen zur Kenntnis nehmen, dass wir Geschöpfe sind; feststellen, dass da ein Gott ist, der uns erschaffen hat, und dass seinen Willen tun nicht Abhängigkeit bedeutet, sondern ein Geschenk seiner Liebe ist, das uns hilft zu leben.

Das also ist der erste Punkt: **Gott kennenlernen, ihn immer besser kennenlernen, in meinem Leben anerkennen, dass es Gott gibt und dass er von Bedeutung ist.**

Zweitens: Wenn wir anerkennen, dass Gott existiert, dass wir unsere Freiheit mit der Freiheit der anderen teilen, dass es deshalb ein gemeinsames Paradigma geben muss, um eine gemeinsame Wirklichkeit aufzubauen, dann stellt sich die Frage: welcher Gott? Es gibt nämlich viele falsche Gottesbilder, zum Beispiel die Vorstellung eines gewalttätigen Gottes.

Der zweite Aspekt ist also: **den Gott anerkennen, der uns sein Antlitz in Jesus gezeigt hat, der für uns gelitten hat, uns bis in den Tod geliebt und dadurch die Gewalt besiegt hat.** Es geht also darum, dass vor allem in unserem »eigenen« Leben der lebendige Gott zugegen sei, jener Gott, der kein Unbekannter ist, kein erfundener

Gott, kein bloß gedachter Gott, sondern vielmehr ein Gott, der sich gezeigt hat, der sich selbst und sein Angesicht gezeigt hat. Nur so ist unser Leben echt, wahrhaft menschlich, und so werden auch die Kriterien des wahren Humanismus in der Gesellschaft präsent.

Drittens: Auch hier gilt, was ich bereits in der ersten Antwort sagte: **Allein bringen wir dieses rechte, rechtschaffene Leben nicht zuwege; wir müssen in Gemeinschaft mit gerechten, rechtschaffenen Freunden vorangehen, mit Gefährten, mit denen wir die Erfahrung machen können, dass Gott existiert und dass es schön ist, mit ihm unterwegs zu sein.** Und dies in der großen Gemeinschaft der Kirche, in welcher sich uns durch die Jahrhunderte hindurch Gott zeigt als einer, der spricht, handelt und unser Wegbegleiter wird.

Von daher würde ich sagen: **Gott finden; Gott, der sich in Jesus Christus offenbart hat; in Gemeinschaft mit seiner großen Familie leben, mit unseren Brüdern und Schwestern, die zur Familie Gottes gehören:** dies scheinen mir die wesentlichen Inhalte dieses Apostolats zu sein, von dem ich gesprochen habe.

*Frage: Sie laden uns ein, keine Angst zu haben, dem Herrn großzügig zu antworten, insbesondere wenn er uns einlädt, ihm im gottgeweihten Leben oder im Priestertum nachzufolgen. Sie sagen, wir sollen keine Angst haben, sondern uns ihm anvertrauen; dann würden wir nicht enttäuscht. Viele von uns ..., davon bin ich überzeugt, denken daran, ihr Leben Jesus in einer besonderen Lebensform zu weihen, aber **es ist nicht immer leicht zu verstehen, ob es der richtige Weg ist** ... Können Sie uns einen Rat geben, wie wir besser verstehen können, ob Gott uns zu einem gottgeweihten Leben oder zum Priester berufen hat? (Vittorio)*

[Den Ruf Gottes erkennen]

(...) Ich denke, es ist wichtig, **auf die Zeichen des Herrn auf unserem Weg zu achten**. Er spricht zu uns durch Ereignisse, durch Menschen, durch Begegnungen. Darauf müssen wir achten.

Zweitens: wirklich **mit Jesus Freundschaft schließen**, in eine persönliche Beziehung mit ihm treten; nicht nur von anderen oder aus Büchern wissen, wer Jesus ist, sondern in einer immer tieferen Beziehung der persönlichen Freundschaft mit ihm leben. So fangen wir an zu verstehen, was er von uns möchte.

Drittens: **auf das achten, was ich selber bin, auf meine Möglichkeiten**. Einerseits braucht es Mut, andererseits braucht es Demut, Vertrauen und Offenheit, auch die Hilfe von Freunden, die Hilfe der kirchlichen Autorität, auch der Priester, der Familien, um eine Antwort zu finden auf die Frage: Was will Gott von mir? Sicher, das bleibt stets ein großes Abenteuer, aber das Leben kann nur gelingen, wenn wir den Mut zum Abenteuer haben – und das Vertrauen, dass der Herrn keinen von uns je allein lässt, dass er mich begleitet und mir hilft.

[Wissenschaft und Glaube]

*Frage: Ich bitte Sie uns zu helfen, besser zu verstehen, wie die biblische Offenbarung und die wissenschaftlichen Theorien sich in der Wahrheitssuche begegnen können. **Häufig wird man dazu verleitet zu glauben, dass Wissenschaft und Glaube wie Feinde wären**; dass Wissenschaft und Technik dasselbe seien; dass die mathematische Logik alles entdeckt habe; dass die Welt ein Ergebnis des Zufalls sei; und dass, wenn die Mathematik das Theorem Gott nicht entdeckt hat, es schlicht daran liegt, dass Gott nicht existiert. Insbesondere im Studium ist es nicht immer leicht, alles auf ein göttliches Projekt zurückzuführen, das der Natur und der Geschichte der Menschen innewohnt. So kommt der Glaube ins Wanken oder man reduziert ihn auf einen sentimentalen Akt. Wie viele Jugendliche habe auch ich Sehnsucht nach der Wahrheit. **Aber wie kann ich Wissenschaft und Glaube zusammenbringen?***

Der große Galileo Galilei sagte, Gott habe das Buch der Natur entsprechend der Sprache der

Mathematik geschrieben. Er war überzeugt, **dass Gott uns zwei Bücher gegeben habe: das Buch der Heiligen Schrift und das Buch der Natur**. Und die Sprache der Natur – das war seine Überzeugung – ist die Mathematik; sie ist also eine Sprache Gottes, des Schöpfers. Denken wir nun ein wenig darüber nach, was die Mathematik ist. An und für sich handelt es sich dabei um ein abstraktes System, eine Erfindung des menschlichen Geistes, das als solches, in seiner Reinheit nicht existiert. Es wird immer annähernd verwirklicht; aber – als solches – ist es ein intellektuelles System, eine große, geniale Erfindung des menschlichen Geistes.

Das Überraschende ist, dass diese Erfindung des menschlichen Verstandes wirklich der Schlüssel ist, um die Natur zu verstehen, dass die Natur wirklich auf mathematische Weise strukturiert ist und dass unsere Mathematik – von unserem Geist erdacht – wirklich das Instrument ist, um mit der Natur arbeiten zu können, sie uns dienstbar zu machen, sie mit Hilfe der Technik zu nutzen.

Es scheint mir fast unglaublich, dass eine Erfindung des menschlichen Intellekts und die Struktur des Universums übereinstimmen. Die von uns erdachte Mathematik verschafft uns wirklich Zugang zur Struktur des Universums und hilft, es für uns nutzbar zu machen. Die intellektuelle Struktur des menschlichen Subjekts und die objektive Struktur der Wirklichkeit stimmen also überein: Die subjektive Vernunft und die objektivierte Vernunft in der Natur sind identisch. Ich denke, diese Übereinstimmung zwischen dem, was wir erdacht haben, und dem, wie die Natur beschaffen ist und sich verhält, sind ein großes Geheimnis und eine große Herausforderung; denn wir sehen, dass es **letztlich »eine« Vernunft** ist, die beide miteinander verbindet: Unsere Vernunft könnte diese andere nicht entdecken, wenn nicht über beiden eine identische Vernunft stünde.

In diesem Sinn, so scheint mir, zeigt uns die Mathematik – in der Gott als solcher nicht in Erscheinung treten kann – die intelligente Struktur des Universums. Jetzt gibt es auch Chaos-Theorien, aber sie gelten nur in bestimmten Grenzen; denn hätte das Chaos die Oberhand, wäre die Technik unmöglich. Nur weil die mathematische Beschreibung zuverlässig ist, ist die Technik zuverlässig. Die Wissenschaft, die es schließlich ermöglicht, mit den Energien der Natur zu arbeiten, setzt die zuverlässige, intelligente Struktur der Materie voraus. Wir sehen also, es gibt eine subjektive Vernünftigkeit und eine objektive Vernünftigkeit in der Materie, die zusammenfallen. Natürlich kann jetzt keiner beweisen – wie es bei einem Experiment der Fall ist, bei den physikalischen Gesetzen –, dass beide in Wirklichkeit in einer einzigen Intelligenz ihren Ursprung haben. Aber mir scheint, dass diese Einheit der Intelligenz hinter den beiden Intelligenzen wirklich in unserer Welt aufscheint. Und je mehr wir die Welt mit unserer Intelligenz zu nutzen verstehen, desto mehr wird der Schöpfungsplan sichtbar.

Um schließlich zur entscheidenden Frage zu kommen: Entweder gibt es Gott oder es gibt ihn nicht. Es gibt nur zwei Möglichkeiten: Entweder man erkennt den Vorrang der Vernunft an, jener schöpferischen Vernunft, die am Anfang von allem steht und der Ursprung von allem ist – der Vorrang der Vernunft ist auch der Vorrang der Freiheit –, oder man vertritt die Priorität des Irrationalen; dann wäre alles, was auf der Erde und in unserem Leben abläuft, nur zufällig, nebensächlich, ein irrationales Produkt – die Vernunft wäre ein Produkt der Irrationalität. Man kann im Letzten weder den einen noch den anderen Entwurf »beweisen«. Die große Option des Christentums ist die Entscheidung für die Vernünftigkeit und den Vorrang der Vernunft. Dies scheint mir eine ausgezeichnete Option; sie zeigt uns, dass hinter allem eine große Intelligenz steht, der wir uns anvertrauen können.

[Das eigentliche Problem]

Doch das eigentliche Problem, das dem Glauben heute Schwierigkeiten bereitet, scheint mir **das Böse in der Welt** zu sein. Man fragt sich, wie das Böse in der Welt vereinbar sein kann mit der

Vernünftigkeit des Schöpfers. Hier brauchen wir wirklich den Gott, der Mensch geworden ist, und der uns zeigt, dass er nicht nur eine mathematische Vernunft ist, sondern dass diese Urvernunft auch Liebe ist.

Wenn wir auf die großen Optionen schauen, dann ist die christliche Option auch heute die vernünftigste und menschlichste. Deshalb können wir mit großem Vertrauen eine Philosophie, eine Weltsicht entfalten, die auf dieser Priorität der Vernunft gründet, auf diesem **Vertrauen, dass die schöpferische Vernunft Liebe ist und dass diese Liebe Gott ist.**

VERTIEFUNGEN

Der Papst zu Jugendlichen
in Brasilien
(São Paulo, 10.5.2007)

EINE FRAGE
AN JESUS ....

»Was muss ich tun …?«

Eine Frage an Jesus: »Was muss ich tun?«

»Es kam ein Mann zu Jesus und fragte: Meister, was muss ich Gutes tun, um das ewige Leben zu gewinnen? Er antwortete: Was fragst du mich nach dem Guten? Nur einer ist ›der Gute‹. Wenn du aber das Leben erlangen willst, halte die Gebote! Darauf fragte er ihn: Welche?

Jesus antwortete: Du sollst nicht töten, du sollst nicht die Ehe brechen, du sollst nicht stehlen, du sollst nicht falsch aussagen; ehre Vater und Mutter! Und: Du sollst deinen Nächsten lieben wir dich selbst!

Der junge Mann erwiderte ihm: Alle diese Gebote habe ich befolgt. Was fehlt mir jetzt noch?

Jesus antwortete ihm: Wenn du vollkommen sein willst, geh, verkauf deinen Besitz und gib das Geld den Armen; so wirst du einen bleibenden Schatz im Himmel haben; dann komm und folge mir nach.

Als der junge Mann das hörte, ging er traurig weg; denn er hatte ein großes Vermögen.«

(Matthäus 19,16–22)

Der Text spricht von einem jungen Mann, der auf Jesus zulief. Seine **Ungeduld** verdient hervorgehoben zu werden. In diesem jungen Mann erkenne ich euch alle ...

Ihr habt Jesus eine sehr wichtige Frage zu stellen, die das Evangelium wiedergibt. Es ist dieselbe Frage des jungen Mannes, der auf Jesus zulief: »Was muss ich tun, um das ewige Leben zu gewinnen?« Ich möchte mit euch diese Frage vertiefen. Es geht um das Leben, das Leben, das in euch überreich und schön ist. Was soll man aus ihm machen? Wie soll man es in Fülle leben?

[Sehnsucht nach Leben]

In der Formulierung der Frage sehen wir sofort, dass das »Hier« und »Jetzt« nicht ausreicht. Anders ausgedrückt: Es gelingt uns nicht, unser Leben nur auf Raum und Zeit zu begrenzen, so sehr wir auch versuchen, seine Horizonte zu erweitern. Das Leben geht über sie hinaus. Mit anderen Worten: **Wir wollen leben und nicht sterben.** Wir spüren, dass etwas uns offenbart, dass das Leben ewig ist und man sich anstrengen muss, um es zu gewinnen. Es liegt also in unseren Händen und hängt in gewisser Weise von unserer Entscheidung ab.

Die Frage des Evangeliums betrifft nicht nur die Zukunft. Sie betrifft nicht nur das Problem, was nach dem Tod geschehen wird. Im Gegenteil, es besteht hier und jetzt eine Verpflichtung gegenüber der Gegenwart, die Authentizität und folglich die Zukunft gewährleisten soll. Kurz gesagt, der Sinn des Lebens wird hinterfragt. Daher kann die Frage so formuliert werden: Was muss ich tun, damit mein Leben einen Sinn hat? Oder: Wie muss ich leben, um die Früchte des Lebens in Fülle zu ernten? Oder auch: Was muss ich tun, damit mein Leben nicht **nutzlos** vorübergeht? – Jesus ist der Einzige, der uns eine Antwort geben kann, weil er der Einzige ist, der uns das ewige Leben gewährleisten kann. Daher ist er auch der Einzige, der den Sinn des gegenwärtigen Lebens aufzeigen und ihm Inhalt in Fülle verleihen kann.

[Gott ist der Gute]

Aber bevor er seine Antwort gibt, geht Jesus der Frage des jungen Mannes unter einem sehr wichtigen Gesichtspunkt nach: Was fragst du mich nach dem Guten?
In dieser Frage liegt der Schlüssel zur Antwort. Der junge Mann spürt, dass Jesus gut ist und dass er Meister ist. Ein Meister, der nicht täuscht. Wir sind hier, weil wir derselben Überzeugung sind: Jesus ist gut ... Wenn jemand das Gute erkennt, dann bedeutet das, dass er liebt. Und jeder, der liebt, erkennt Gott – wie der heilige Johannes es so schön zum Ausdruck bringt (vgl. 1 Johannes 4,7). Der junge Mann des Evangeliums hat Gott in Jesus Christus wahrgenommen.

Jesus versichert uns, dass **nur Gott »der Gute«** ist. Offen zu sein gegenüber dem Guten bedeutet, Gott anzunehmen. So lädt er uns ein, **Gott in allen Dingen und in allen Ereignissen zu sehen, auch dort, wo die Mehrheit nur die Abwesenheit Gottes sieht.** Wenn man die Schönheit der Geschöpfe sieht und das Gute, das in ihnen allen vorhanden ist, dann ist es unmöglich, nicht an Gott zu glauben und seine heilbringende und tröstende Gegenwart nicht zu erfahren. Wenn wir all das Gute sehen könnten, das es in der Welt gibt, und darüber hinaus das Gute erfahren könnten, das von Gott selbst kommt, dann würden wir niemals aufhören, uns ihm zu nähern, ihn zu loben und ihm zu danken. Er erfüllt uns ohne Unterlass mit Freude und mit Gutem. Seine Freude ist unsere Kraft.

[Leben nach den Geboten]

Aber unsere Erkenntnis ist nur bruchstückhaft. Um das Gute zu verstehen, brauchen wir Hilfen, die uns die Kirche bei vielen Gelegenheiten bietet, vor allem in der Katechese. Jesus selbst zeigt, was für uns gut ist, und gibt uns dadurch seine erste Katechese. »Wenn du aber das Leben erlangen willst, halte die Gebote!« Er beginnt bei dem Wissen, das der junge Mann sicherlich bereits in seiner Familie und in der Synagoge erhalten hat: In der Tat kennt er die Gebote. Sie führen zum Leben, was bedeutet, dass sie uns Authentizität gewährleisten. Sie sind die großen Wegweiser, die uns den rechten Weg zeigen. Wer die Gebote beachtet, befindet sich auf Gottes Weg.

Es genügt jedoch nicht, sie zu kennen. Das Zeugnis ist wirksamer als das Wissen, oder, mit anderen Worten, es ist angewandtes Wissen. Die Gebote werden nicht von außen auferlegt, sie **schmälern nicht unsere Freiheit**. Im Gegenteil: Sie sind ein kraftvoller innerer Ansporn, der uns dazu bringt, unserem Handeln eine gewisse Richtung zu geben ...

An diesem Punkt wende ich mich wieder an euch, liebe Jugendliche ... Die Jahre, die ihr durchlebt, sind die Jahre, die eure Zukunft vorbereiten. Das »Morgen« hängt sehr davon ab, wie ihr das »Heute« der Jugend lebt. Vor euren Augen, meine lieben Jugendlichen, liegt ein Leben, von dem wir wünschen, dass es lang sein möge; es ist jedoch nur eines, ein einziges:
Lasst nicht zu, dass es nutzlos vorübergeht, vergeudet es nicht. Lebt mit Begeisterung, mit Freude, aber vor allem mit Verantwortungsbewusstsein ...

[Der wahre Reichtum]

Das Evangelium versichert uns, dass der junge Mann, der auf Jesus zulief, sehr reich war. Diesen Reichtum sollten wir nicht nur auf materieller Ebene verstehen. Das jugendliche Alter selbst ist ein einzigartiger Reichtum. Man muss ihn entdecken und wertschätzen. Jesus schätzte ihn so sehr, dass er am Ende den jungen Mann einlud, an seiner Heilssendung teilzunehmen. Er besaß alle Voraussetzungen, sich auf großartige Weise zu verwirklichen und ein großes Werk zu tun.

Aber das Evangelium berichtet uns, dass dieser junge Mann, als er die Einladung hörte, betrübt wurde. Er ging **traurig** und betrübt weg.

Diese Episode lässt uns noch einmal über den Reichtum der Jugend nachdenken.

Es handelt sich in erster Linie nicht um materielle Güter, sondern um das eigene Leben, mit den Werten, die zur Jugend gehören. Es kommt aus einem zweifachen Erbe: aus dem Leben, das von Generation zu Generation weitergegeben wird und an dessen Ursprung Gott steht, der voller Weisheit und Liebe ist, und aus der Erziehung, die uns in die Kultur einfügt, so sehr, dass man fast sagen kann, dass wir mehr Kinder der Kultur und daher des Glaubens sind als Kinder der Natur. Aus dem Leben keimt die Freiheit, die sich, vor allem in dieser Phase, als Verantwortung zeigt. Es ist der große Augenblick der Entscheidung in zweifacher Hinsicht: erstens im Hinblick auf den Lebensstand und zweitens im Hinblick auf den Beruf. Es ergibt sich die Antwort auf die Frage: **Was soll man aus dem eigenen Leben machen?**

Mit anderen Worten, die Jugend erweist sich als Reichtum, weil sie zur **Neuentdeckung des Lebens** als Geschenk und als Aufgabe führt. Der junge Mann des Evangeliums kannte den Reichtum der eigenen Jugend. Er ging zu Jesus, dem guten Meister, um nach einer Orientierung zu suchen. In der Stunde der großen Entscheidung hatte er trotzdem nicht den Mut, alles auf Jesus Christus zu setzen. Folglich ging er betrübt und traurig weg. Das geschieht immer dann, wenn unsere Entscheidungen ins Wanken kommen und kleinherzig und eigennützig werden. Er verstand, dass ihm die Großherzigkeit fehlte, und dadurch konnte er sich nicht ganz verwirklichen. Er zog sich zurück auf seinen Reichtum und ließ diesen egoistisch werden.

[Trauer und Freude]

Jesus bedauerte die Traurigkeit und die Kleinherzigkeit des jungen Mannes, der zu ihm gekommen war. Die Apostel, so wie ihr alle heute, füllten die Leere auf, die jener junge Mann hinterlassen hatte, der betrübt und traurig weggegangen war. Sie und wir sind glücklich, weil wir wissen, wem wir Glauben geschenkt haben (vgl. 2 Timotheus 1,12). Wir wissen und bezeugen mit unserem Leben, dass nur er Worte des ewigen Lebens hat (vgl. Johannes 6,68). Daher können wir mit dem heiligen Paulus ausrufen: Freut euch im Herrn zu jeder Zeit! (vgl. Philipper 4,4) ...

Vergeudet eure Jugend nicht. Versucht nicht, vor ihr zu fliehen. Lebt sie intensiv.

Weiht sie den hohen Idealen des Glaubens und der menschlichen Solidarität.

Ihr, liebe Jugendliche, seid nicht nur die Zukunft der Kirche und der Menschheit, als sei dies gleichsam eine Art Flucht aus der Gegenwart. Im Gegenteil: Ihr seid die junge Gegenwart der Kirche und der Menschheit. Ihr seid ihr **junges Gesicht**. Die Kirche braucht euch als junge Menschen, um der Welt das Antlitz Jesu Christi zu zeigen, das in der christlichen Gemeinschaft sichtbar wird. Ohne dieses junge Gesicht wäre die **Kirche entstellt**. Christus beruft euch zur Heiligkeit. Er selbst lädt euch ein und will mit euch gehen ...

Der Papst beim Besuch
im römischen Jugendgefängnis
»Casal del Marmo«
(18.3.2007)

WENN IHR EUCH GANZ UNTEN FÜHLT ...

Das Gleichnis vom Vater und den zwei Söhnen

»Jesus sagte: Ein Mann hatte zwei Söhne. Der jüngere von ihnen sagte zu seinem Vater: Vater, gib mir das Erbteil, das mir zusteht. Da teilte der Vater das Vermögen auf. Nach wenigen Tagen packte der jüngere Sohn alles zusammen und zog in ein fernes Land. Dort führte er ein zügelloses Leben und verschleuderte sein Vermögen. Als er alles durchgebracht hatte, kam eine große Hungersnot über das Land und es ging ihm sehr schlecht ... Er hätte gern seinen Hunger mit den Futterschoten gestillt, die die Schweine fraßen; aber niemand gab ihm davon. Da ging er in sich und sagte: Wie viele Tagelöhner meines Vaters haben mehr als genug zu essen ... Ich will aufbrechen und zu meinem Vater gehen und zu ihm sagen: Vater, ich habe mich gegen den Himmel und gegen dich versündigt. Ich bin nicht mehr wert, dein Sohn zu sein; mach mich zu einem deiner Tagelöhner. Dann brach er auf und ging zu seinem Vater. Der Vater sah ihn schon von weitem kommen und er hatte Mitleid mit ihm. Er lief dem Sohn entgegen, fiel ihm um den Hals und küsste ihn. Da sagte der Sohn: Vater, ich habe mich gegen den Himmel und gegen dich versündigt; ich bin nicht mehr wert, dein Sohn zu sein. Der Vater aber sagte zu seinen Knechten: Holt schnell das beste Gewand und zieht es ihm an, steckt ihm einen Ring an die Hand und zieht ihm Schuhe an. Bringt das Mastkalb her und schlachtet es; wir wollen essen und fröhlich sein. Denn mein Sohn war tot und lebt wieder; er war verloren und ist wiedergefunden worden. Und sie begannen, ein fröhliches Fest zu feiern.
Sein älterer Sohn war unterdessen auf dem Feld. Als er heimging ..., hörte er Musik und Tanz und fragte, was das bedeuten solle. Der Knecht antworete: Dein Bruder ist gekommen ... Da wurde er zornig und wollte nicht hineingehen. Sein Vater aber kam heraus und redete ihm gut zu. Doch er erwiderte dem Vater: So viele Jahre schon diene ich dir ...; mir aber hast du nie einen Ziegenbock geschenkt ... Der Vater antwortete ihm: Mein Kind, du bist immer bei mir, und alles, was mein ist, ist auch dein. Aber jetzt müssen wir uns doch freuen und ein Fest feiern; denn dein Bruder war tot und lebt wieder; er war verloren und ist wiedergefunden worden.«

(Lukas 15,11-32)

Was ist das Geheimnis der Liebe, das Geheimnis des Lebens? Im Evangelium treten drei Personen auf: Der Vater und die beiden Söhne. Aber hinter diesen Personen kommen zwei recht verschiedene **Lebensentwürfe** zum Vorschein. Beide Söhne leben in Frieden, sind sehr wohlhabende Landwirte, haben daher genug zum Leben, ihre Produkte verkaufen sich gut, es scheint ein gutes Leben zu sein.

[Der jüngere Sohn]

Dennoch findet der jüngere Sohn mit der Zeit dieses Leben **langweilig, unbefriedigend**: Das – denkt er – kann nicht das ganze Leben sein: tagtäglich aufstehen, wahrscheinlich um 6 Uhr früh, dann, wie es die Tradition Israels verlangt, ein Gebet sprechen, eine Lesung aus der Bibel, dann an die Arbeit gehen und am Ende des Tages wieder ein Gebet. So geht es Tag für Tag. Er denkt: Nein, das Leben ist mehr, ich muss ein anderes Leben finden, in dem ich wirklich frei bin, tun kann, was mir gefällt; ein Leben, **frei von dieser Disziplin** und von diesen Regeln der Gebote Gottes, der Anordnungen des Vaters; ich möchte allein ich selbst sein und das ganze Leben, mit allen seinen Schönheiten, vollständig für mich haben. Jetzt hingegen ist das Leben nur Arbeit …

Und so beschließt er, sein ganzes Vermögen zu nehmen und **fortzugehen**. Der Vater ist sehr respektvoll und großzügig und achtet die Freiheit des Sohnes: Er muss seinen Lebensentwurf selbst finden. Und der Sohn zieht fort in ein fernes Land, wie es im Evangelium heißt. Wahrscheinlich fern in geographischer Hinsicht, weil er eine Veränderung sucht, aber auch innerlich fern, weil er ein völlig anderes Leben haben will. Seine Vorstellung ist jetzt: Freiheit, tun, was ich tun will, nicht diese Gebote eines fernen Gottes kennen, nicht im Gefängnis dieser häuslichen Disziplin leben, tun, was schön ist, was mir gefällt, das Leben in seiner ganzen Schönheit und Fülle besitzen.

Und zuerst – wir könnten vielleicht annehmen, für einige Monate – geht alles glatt: Er findet es schön, endlich zum Leben gelangt zu sein, er fühlt sich glücklich. Aber dann empfindet er mit der Zeit auch hier die Langeweile, auch hier ist es immer dasselbe. Und am Ende macht sich da eine immer **unheimlichere Leere** bemerkbar; immer stärker wächst das Gefühl, dass dies noch nicht das Leben ist; ja, je länger diese ganze Situation andauert, umso weiter entfernt sich das Leben. Alles wird leer: Auch jetzt stellt sich wieder die Sklaverei ein, immer dasselbe tun zu müssen. Und am Ende ist auch das Geld aufgebraucht, und der junge Mann findet, dass sein Lebensniveau unter dem der Schweine liegt.

Nun beginnt er nachzudenken und fragt sich, ob das wirklich der Weg des Lebens war: eine Freiheit, die von ihm in dem Sinn ausgelegt wurde, zu tun, was er will, und das Leben nur für sich allein zu leben; oder ob das Leben statt dessen nicht vielleicht eher darin bestünde, für die anderen zu leben, zum Aufbau der Welt und zum Wachstum der menschlichen Gemeinschaft beizutragen ...

So beginnt für ihn der neue Weg, ein innerer Weg. Der junge Mann denkt nach und erwägt alle diese neuen Aspekte des Problems und beginnt zu sehen, dass er zu Hause viel **freier** war, da auch er Besitzer war, zum Aufbau des Hauses und der Gesellschaft in Gemeinschaft mit dem Schöpfer beitrug, den Zweck seines Lebens kannte und den Plan erahnte, den Gott für ihn hatte.
Auf diesem inneren Weg, in diesem Heranreifen eines neuen Lebensplanes erlebt der jüngere Sohn dann auch den äußeren Weg und bricht auf, um zurückzukehren, um mit seinem Leben neu zu beginnen, denn er hatte nunmehr begriffen, dass er mit dem Weg, den er eingeschlagen hatte, auf dem falschen Gleis war. Er sagte sich: Ich muss neu starten, mit einem anderen Konzept, ich muss **neu anfangen**.

Er kommt zum Haus des Vaters, der ihm seine Freiheit gelassen hatte, um ihm die Möglichkeit zu geben, innerlich zu verstehen, was es heißt, zu leben ...

[Der Vater]

Der Vater umarmt ihn mit seiner ganzen Liebe und lässt für ihn ein **Fest** vorbereiten; **mit diesem Fest kann sein Leben neu beginnen.**

Der Sohn begreift, dass gerade die Arbeit, die Demut, die Disziplin eines jeden Tages das echte Fest und die echte Freiheit hervorbringen. So kehrt er innerlich gereift und geläutert nach Hause zurück: Er hat verstanden, was es bedeutet zu leben. Sicherlich wird auch in Zukunft sein Leben nicht leicht sein, die Versuchungen werden wieder auftauchen, aber er ist sich jetzt voll dessen bewusst, dass ein Leben ohne Gott nicht funktioniert: Ohne Gott fehlt das Wesentliche, fehlt das Licht, fehlt der Grund, fehlt der große Sinn des Menschseins.
Er hat verstanden, dass wir Gott nur aus seinem Wort erkennen können. (Wir Christen können hinzufügen, dass wir von Jesus wissen, wer Gott ist, denn in Jesus hat sich uns wirklich das Antlitz Gottes gezeigt). Der junge Mann erkennt, dass Gottes Gebote **keine Hindernisse** für die Freiheit und für ein schönes Leben darstellen, sondern den Weg anzeigen, den man gehen muss, um das Leben zu finden. Er sieht ein, dass auch die Arbeit, die Disziplin, der Einsatz nicht für sich selbst, sondern für die anderen das Leben reicher werden lassen.
Und gerade diese Mühe, sich in der Arbeit einzusetzen, verleiht dem Leben Tiefe, weil man

die Befriedigung darüber erfährt, zum Wachstum dieser Welt, die freier und schöner wird, beigetragen zu haben.

[Der ältere Sohn]

Ich möchte jetzt nicht über den anderen Sohn, der zu Hause geblieben ist, sprechen. Aber an seiner Reaktion des Neides sehen wir: Auch er **träumte innerlich davon, dass es vielleicht viel besser wäre, sich alle Freiheiten zu nehmen.** Auch er muss innerlich »nach Hause zurückkehren« und neu begreifen, was das Leben ist, begreifen, dass man nur mit Gott, mit seinem Wort, in der Gemeinschaft der eigenen Familie und der Arbeit, in der Gemeinschaft der großen Familie Gottes wirklich lebt ...

[Gott ist der barmherzige Vater]

Das Evangelium hilft uns zu verstehen, wer Gott wirklich ist: Er ist der barmherzige Vater, der uns in Jesus über alle Maßen liebt. Die Fehler, die wir begehen, und seien es **auch schwere Fehler, greifen die Treue seiner Liebe nicht an.** Im Bußsakrament können wir mit unserem Leben immer wieder neu anfangen: Er nimmt uns an, er gibt uns die Würde seiner Kinder zurück. Entdecken wir also wieder dieses Sakrament der Vergebung, das die Freude aufsprudeln lässt in einem Herzen, das wiedergeboren ist zum wahren Leben.

[Wer der Mensch ist]

Außerdem hilft uns dieses Gleichnis zu begreifen, wer der Mensch ist: Er ist keine »Monade«, kein isoliertes Wesen, das nur für sich allein lebt und das Leben nur für sich selbst haben soll. Im Gegenteil, wir leben mit den anderen, wir sind zusammen mit den anderen erschaffen und nur darin, dass wir bei den anderen sind, uns den anderen hingeben, finden wir das Leben.

Der Mensch ist ein Geschöpf, dem Gott sein Bild aufgeprägt hat, ein Geschöpf, das in den Horizont seiner Gnade hineingezogen wird; aber er ist auch ein schwaches Geschöpf und dem Bösen ausgesetzt; er ist jedoch auch zum Guten fähig.

Und schließlich ist der Mensch eine freie Person. Wir müssen begreifen, was Freiheit ist und was bloß der Schein von Freiheit ist. Die Freiheit, so könnten wir sagen, ist ein **Sprungbrett**, um in das unendliche Meer der göttlichen Güte hineinzuspringen; sie kann aber auch zu einer schiefen Ebene werden, auf der wir zum Abgrund der Sünde und des Bösen hin abrutschen und damit auch die Freiheit und unsere Würde verlieren.

Liebe Freunde ..., die Kirche lädt uns zur Umkehr ein, die nicht in erster Linie eine Anstrengung ist – die freilich immer wichtig ist, um unser Verhalten zu ändern –, sondern eher eine Gelegenheit, uns zu entschließen, aufzubrechen und neu anzufangen, das heißt die Sünde aufzugeben und uns für die Rückkehr zu Gott zu entscheiden.

Gehen wir gemeinsam diesen Weg der inneren **Befreiung**. Jedes Mal, wenn wir wie heute an der Eucharistie, der Quelle und Schule der Liebe, teilnehmen, werden wir fähig, diese Liebe zu leben, sie zu verkündigen und sie durch unser Leben zu bezeugen. Wir müssen uns jedoch entschließen, auf Jesus zuzugehen, wie es der verlorene Sohn getan hat, als er innerlich und äußerlich zum Vater zurückkehrte.

Zugleich müssen wir die egoistische Haltung des älteren selbstsicheren Sohnes aufgeben, der leichtfertig die anderen verurteilt, sein Herz dem Verständnis, der Annahme und der Vergebung der Brüder verschließt und vergisst, dass auch er der Vergebung bedarf ...

Botschaft
zum XXI. Weltjugendtag
(Vatikan, 22.2.2006)

WIRKLICH
FREI ....

[Die Wahrheit wird euch befreien]

Es ist nicht einfach, in der Welt, in der wir leben, das wahre Glück zu erkennen und es zu finden. Oft ist der Mensch Gefangener von Denkströmungen, die ihn, obwohl er »frei« zu sein glaubt, dahin führen, sich in Irrtümern oder den **Illusionen** falscher Ideologien zu verlieren. Es ist dringend notwendig, »die Freiheit zu befreien« (vgl. Veritatis splendor, 86), die Dunkelheit zu erhellen, in der die Menschheit tastend ihren Weg sucht.

Jesus hat uns gezeigt, wie das geschehen kann: »Wenn ihr in meinem Wort bleibt, seid ihr wirklich meine Jünger. Dann werdet ihr die Wahrheit erkennen, und die Wahrheit wird euch befreien« (Johannes 8,31-32). Das fleischgewordene Wort, das Wort der Wahrheit, macht uns frei und lenkt unsere Freiheit zum Guten.

Liebe Jugendliche, meditiert oft über das Wort Gottes, und erlaubt dem Heiligen Geist, euer Lehrer zu sein. Dann werdet ihr entdecken, dass Gottes Gedanken nicht die der Menschen sind; ihr werdet dahin geführt werden, den wahren Gott zu betrachten und die Ereignisse der Geschichte mit seinen Augen zu lesen; ihr werdet in Fülle die Freude kosten, die der Wahrheit entspringt.

Auf dem Weg des Lebens, der weder einfach noch ohne Gefahren ist, werdet ihr vielleicht Schwierigkeiten und Leid begegnen, und manchmal werdet ihr versucht sein, mit dem Psalmisten auszurufen: »Ganz tief bin ich gebeugt« (Psalm 119, V. 107). Vergesst nicht, wie der Psalmist hinzuzufügen: »Durch dein Wort belebe mich ... Mein Leben ist ständig in Gefahr, doch ich vergesse nie deine Weisung« (ebd., V. 107. 109). Die liebende Gegenwart Gottes durch sein Wort ist das Licht, das die Finsternis der **Angst** vertreibt und den Weg auch in den schwierigsten Augenblicken erhellt ...

[Die Bibel lesen und meditieren]

Liebe Jugendliche, macht euch mit der Bibel vertraut, habt sie immer bei der Hand, damit sie euch gleichsam zum **Kompass** werde, der den Weg weist, dem man folgen muss. Wenn ihr sie lest, werdet ihr Christus kennenlernen. Der heilige Hieronymus sagt dazu: »Die Schrift nicht kennen heißt Christus nicht kennen.«

Ein wohlerprobter Weg, das Wort Gottes zu vertiefen und zu verkosten, ist die »lectio divina«, die ein wirklicher geistlicher Weg in mehreren Schritten ist. Von der »lectio«, die darin besteht, einen Abschnitt der Heiligen Schrift wiederholt zu **lesen** und seine hauptsächlichen Elemente zu erfassen, geht man über zur »meditatio«, die wie eine **innere Ruhepause** ist, in der die Seele sich Gott zuwendet und zu verstehen versucht, was sein Wort heute für das konkrete Leben sagt. Dann folgt die »oratio«, die uns im **direkten Gespräch** mit Gott verweilen lässt, und schließlich gelangt man zur »contemplatio«, die uns hilft, unser **Herz offen zu halten** für die Gegenwart Christi. Sein Wort »ist ein Licht, das an einem finsteren Ort scheint, bis der Tag anbricht und der Morgenstern aufgeht in eurem Herzen« (2 Petrus 1,19). Das Lesen, das Studium und die Meditation des Wortes müssen dann einmünden in ein Leben der konsequenten Treue zu Christus und zu seiner Lehre.

[Das Wort leben]

Der heilige Jakobus mahnt: »Hört das Wort nicht nur an, sondern handelt danach; sonst betrügt ihr euch selbst. Wer das Wort nur hört, aber nicht danach handelt, ist wie ein Mensch, der sein eigenes Gesicht im Spiegel betrachtet: Er betrachtet sich, geht weg, und schon hat er vergessen, wie er aussah.
Wer sich aber in das vollkommene Gesetz der Freiheit vertieft und an ihm festhält, wer es nicht nur hört, um es wieder zu vergessen, sondern danach handelt, der wird durch sein Tun selig sein« (1,22-25).
Wer das Wort Gottes hört und sich stets an ihm orientiert, stellt seine Existenz auf eine feste Grundlage. »Wer diese meine Worte hört und danach handelt«, sagt Jesus, »ist wie ein kluger Mann, der sein Haus auf Fels baute« (Matthäus 7,24): Es wird den Unwettern nicht nachgeben.

**Das Leben auf Christus aufbauen,
freudig sein Wort annehmen
und seine Lehre in die Tat umsetzen:**

Das, liebe Jugendliche des dritten Millenniums, muss euer Programm sein! Es ist dringend notwendig, dass eine neue Generation von Aposteln entsteht, die im Wort Christi verwurzelt sind, in der Lage, eine Antwort zu geben auf die Herausforderungen unserer Zeit und bereit, überall das Evangelium zu verkünden.

Darum bittet der Herr euch, dazu lädt euch die Kirche ein, das erwartet die Welt – auch ohne es zu wissen – von euch! Und wenn Jesus euch ruft, habt keine Angst, ihm großherzig zu antworten, besonders dann, wenn er euch bittet, ihm im geweihten oder im priesterlichen Leben zu folgen. Habt keine Angst; vertraut ihm, und ihr werdet nicht enttäuscht werden.

Ansprache beim
XXI. Weltjugendtag
(Petersplatz/Rom,
Palmsonntag, 9.4.2006)

AUF
JESU WEG ....

[Palmsonntag]

Wenn wir Jesus begegnen und dann mit ihm zusammen seinen Weg gehen wollen, müssen wir uns fragen: Was ist das für ein Weg, auf dem er uns führen will? Was erwarten wir von ihm? Was erwartet er von uns?
Um zu verstehen, was am Palmsonntag geschehen ist, und um zu erkennen, was er über jene Stunde hinaus für alle Zeiten bedeutet, erweist sich ein Detail als wichtig, das auch für seine Jünger der Schlüssel zum Verständnis dieses Ereignisses wurde, als sie nach Ostern jene Tage, die von Aufregung gekennzeichnet waren, mit einem neuen Blick noch einmal an sich vorüberziehen ließen.

Jesus zieht in die Heilige Stadt ein, auf einem **Esel** reitend, das heißt auf dem Tier der einfachen, gewöhnlichen Leute vom Land, und noch dazu auf einem Esel, der ihm nicht einmal gehört, sondern den er sich für diese Gelegenheit ausleiht. Er kommt **nicht in einer prunkvollen Königskutsche**, nicht zu Pferd wie die Großen der Welt, sondern auf einem geliehenen Esel.
Johannes berichtet uns, dass die Jünger das im ersten Augenblick nicht verstanden haben. Erst nach Ostern bemerkten sie, dass Jesus, indem er so handelte, die Ankündigungen der Propheten erfüllte; sie verstanden nun, dass sein Tun sich aus dem Wort Gottes herleitete und dass er es zu seiner Erfüllung brachte. Sie erinnerten

sich, sagt Johannes, dass beim Propheten Sacharja zu lesen ist: »Fürchte dich nicht, Tochter Zion! Siehe, dein König kommt; er sitzt auf dem Fohlen einer Eselin« (Johannes 12,15; vgl. Sacharja 9,9).
Um die Bedeutung der Prophezeiung und damit des Handelns Jesu zu verstehen, müssen wir den ganzen Text im Buch des Propheten Sacharja hören, der so fortfährt: »**Ich vernichte die Streitwagen** aus Efraim und die Rosse aus Jerusalem, vernichtet wird der Kriegsbogen. Er verkündet für die Völker den Frieden; seine Herrschaft reicht von Meer zu Meer und vom Eufrat bis an die Enden der Erde« (Sacharja 9,10). Damit sagt der Prophet drei Dinge über den künftigen König.

[König der Armen]

Als erstes sagt er, dass er der König der Armen sein wird, ein Armer unter den Armen und für die Armen ... Es geht vor allem um die Reinigung des Herzens, dank der man den Besitz als Verantwortung, als Aufgabe gegenüber den anderen anerkennt, indem man sich unter Gottes Blick stellt und sich von Christus führen lässt, der reich war und um unsertwegen arm geworden ist (vgl. 2 Korinther 8,9). Die innere Freiheit ist die Voraussetzung für die Überwindung der Korruption und der Habgier, die bereits die Welt verwüsten; eine derartige Freiheit kann nur gefunden werden, wenn Gott unser Reichtum wird; sie kann nur im geduldigen täglichen Verzicht gefunden werden, durch den sie sich als wahre Freiheit entfaltet. Dem König, der uns den Weg zu diesem Ziel weist – Jesus –, jubeln wir am Palmsonntag zu; ihn bitten wir, uns mit auf seinen Weg zu nehmen.

[König des Friedens]

Als Zweites zeigt uns der Prophet, dass dieser König ein König des Friedens sein wird: Er wird die Streitwagen und Schlachtrösser verschwinden lassen, er wird die Bögen zerbrechen und den Frieden verkünden. In der Gestalt Jesu wird das im Zeichen des Kreuzes Wirklichkeit.

Das Kreuz ist der zerbrochene Bogen, in gewisser Weise **der neue, wahre Regenbogen Gottes**, der den Himmel und die Erde miteinander verbindet und eine Brücke über die Abgründe und zwischen den Kontinenten schlägt. Die neue »Waffe«, die uns Jesus in die Hände gibt, ist das Kreuz – Zeichen der Versöhnung, der Vergebung, Zeichen der Liebe, die stärker ist als der Tod.

Jedes Mal, wenn wir uns bekreuzigen, müssen wir uns daran erinnern, der **Ungerechtigkeit** nicht andere Ungerechtigkeit, der **Gewalt** nicht andere Gewalt entgegenzusetzen; wir müssen uns daran erinnern, dass wir das Böse nur durch das Gute besiegen können und niemals durch Vergeltung des Bösen mit Bösem.

[... bis an die Enden der Erde]

Die dritte Aussage des Propheten ist die Ankündigung der Universalität. Sacharja sagt, das Reich des Königs des Friedens »reicht von Meer zu Meer ... bis an die Enden der Erde«. Die alte, an Abraham und die Väter ergangene Verheißung des Landes wird hier durch eine neue Vision ersetzt:

Der Raum des messianischen Königs ist nicht mehr ein bestimmtes Land, das sich notwendigerweise von den anderen trennen und dann unvermeidlich auch gegen andere Länder Stellung beziehen würde. Sein Land ist die Erde, die ganze Welt. Indem er **jede Abgrenzung überwindet**, schafft er in der Mannigfaltigkeit der Kulturen Einheit. Wenn wir mit dem Blick die Wolken der Geschichte durchdringen, die den Propheten von Jesus trennten, sehen wir in dieser Prophezeiung wie von ferne das Netz der »eucharistischen Gemeinschaften« auftauchen, das die Erde, die ganze Welt umfängt – ein **Netz von Gemeinschaften**, die das »Reich des Friedens« Jesu von Meer zu Meer bis an die Enden der Erde bilden.

Er kommt überall, in alle Kulturen und in alle Teile der Welt, in die ärmlichen Hütten und notleidenden ländlichen Gebiete ebenso wie in die Pracht der Kathedralen. Überall ist er derselbe, der einzige, und so sind auch alle, die sich in der Gemeinschaft mit ihm zum Gebet versammeln, miteinander in einem einzigen Leib vereint.

Christus herrscht, indem er sich selbst zu unserem Brot macht und sich uns schenkt. Auf diese Weise errichtet er sein Reich ...
Diese Erfahrung der Universalität gehört wesentlich zur Eucharistie. Da der Herr kommt, treten wir aus unseren exklusiven **Parteilichkeiten** heraus und in die große **Gemeinschaft** all derer ein, die dieses heilige Sakrament feiern. Wir treten in sein Reich des Friedens ein und grüßen in Ihm in gewisser Weise auch alle unsere Brüder und Schwestern, zu denen er kommt, um in dieser zerrissenen Welt wirklich ein Reich des Friedens entstehen zu lassen.

[Im Zeichen des Kreuzes]

Alle drei vom Propheten verkündeten Wesensmerkmale – Armut, Friede, Universalität – werden im Zeichen des Kreuzes zusammengefasst. Deshalb ist das Kreuz mit gutem Grund zum Mittelpunkt der Weltjugendtage geworden. Es gab eine Zeit – und sie ist noch nicht vollkommen überwunden –, in der das Christentum gerade wegen des Kreuzes abgelehnt wurde.

Das Kreuz spricht von Opfer, sagte man, das Kreuz ist Zeichen der Verneinung des Lebens. Wir hingegen wollen das ganze Leben, ohne Einschränkungen und ohne Verzichte. Wir wollen leben, nichts als leben. Wir lassen uns nicht von Geboten und Verboten einschränken. Wir wollen Reichtum und Fülle – so sagte man und so

sagt man noch immer. Das alles klingt überzeugend und verführerisch; es ist die Sprache der Schlange, die zu uns sagt: »Lasst euch nicht verängstigen! Esst ruhig von allen Bäumen des Gartens!«
Der Palmsonntag jedoch sagt uns, dass das wahre, große »Ja« gerade das Kreuz ist, dass gerade das Kreuz der wahre Baum des Lebens ist.

[Das Leben finden]

Wir finden das Leben nicht dadurch, dass wir uns seiner bemächtigen, sondern indem wir es **schenken**. Die Liebe ist ein Sich-selbst-Verschenken, und deshalb ist sie der Weg des wahren Lebens, der durch das Kreuz symbolisiert wird ...

Bitten wir Jesus darum, dass er uns berühre und unsere Herzen öffne, damit wir, indem wir seinem Kreuz folgen, Boten seiner Liebe und seines Friedens werden.

Bei der Begegnung
mit Jugendlichen in Polen
(Krakau, 27.5.2006)

AUF FELS
GEBAUT ....

Auf Fels gebaut

»Wer diese meine Worte hört und danach handelt, ist wie ein kluger Mann, der sein Haus auf Fels baute. Als nun ein Wolkenbruch kam und die Wassermassen heranfluteten, als die Stürme tobten und an dem Haus rüttelten, da stürzte es nicht ein; denn es war auf Fels gebaut.
Wer aber meine Worte hört und nicht danach handelt, ist wie ein unvernünftiger Mann, der sein Haus auf Sand baute. Als nun ein Wolkenbruch kam und die Wassermassen heranfluteten, als die Stürme tobten und an dem Haus rüttelten, da stürzte es ein und wurde völlig zerstört.«

(Matthäus 7,24-27)

Liebe junge Freunde!

Im Herzen jedes Menschen gibt es den Wunsch nach einem Haus. Vor allem ein junges Herz sehnt sich nach einem eigenen dauerhaften Zuhause, in das man nicht nur mit Freude zurückkehren, sondern in dem man ebenso mit Freude jeden Gast empfangen kann.
Es ist die Sehnsucht nach einem Haus, in dem Liebe, Vergebung und die Notwendigkeit des Verständnisses das tägliche Brot sind und in dem die Wahrheit die Quelle ist, aus der der Frieden des Herzens strömt. Es ist die Sehnsucht nach einem Haus, auf das wir stolz sein können, dessen wir uns nicht schämen und dessen Einsturz wir nie beklagen müssen.

Diese Sehnsucht ist nichts anderes als der Wunsch nach einem erfüllten, glücklichen und gelungenen Leben.
Fürchtet euch nicht vor diesem Wunsch! Versucht nicht, vor ihm zu fliehen! Lasst euch nicht entmutigen angesichts eingestürzter Häuser, unerfüllter Wünsche und **geschwundener Sehnsucht**. Der Schöpfergott, der in ein junges Herz das unermessliche Verlangen nach Glückseligkeit legt, wird es anschließend nicht allein lassen beim mühevollen Aufbau jenes Hauses, das sich Leben nennt.

Meine Freunde, eine Frage drängt sich auf: »Wie kann dieses Haus gebaut werden?« Das ist eine Frage, die ihr euch im Herzen sicher schon oft gestellt habt und die auch manches Mal noch wiederkehren wird. Es ist eine Frage, die wir uns nicht nur einmal stellen dürfen. Jeden Tag muss sie vor den Augen des Herzens stehen:
Wie können wir dieses Haus, das Leben genannt wird, aufbauen?
Jesus ... ermahnt uns, auf Fels zu bauen, denn nur so wird das Haus nicht einstürzen.

[Was heißt das: auf Fels bauen?]

Aber was heißt das, ein Haus auf Fels bauen? Auf Fels bauen bedeutet vor allem, *a u f Christus und m i t Christus bauen*. Jesus sagt: »Wer diese meine Worte hört und danach handelt, ist wie ein kluger Mann, der sein Haus auf Fels baute.« Es handelt sich hier nicht um leere Worte, die irgendwer sagt, sondern um die Worte Jesu. Es geht nicht darum, irgendwem zuzuhören, sondern darum, Jesus zuzuhören. Nicht irgendetwas sollen wir tun, sondern vielmehr das, was die Worte Jesu uns auftragen.

Auf und mit Christus bauen bedeutet, **auf einem Fundament zu bauen, das gekreuzigte Liebe heißt.** Es bedeutet, mit jemandem zu bauen, der uns besser kennt als wir selbst und uns sagt: »Weil du in meinen Augen teuer und wertvoll bist und weil ich dich liebe ...« (Jesaja 43,4).

Es bedeutet, **mit jemandem zu bauen, der immer treu bleibt,** auch wenn wir untreu sind; denn er kann sich selbst nicht verleugnen (vgl. 2 Timotheus 2,13).

Es bedeutet, mit jemandem zu bauen, der sich fortwährend über das verwundete Herz des Menschen beugt und sagt: **»Ich verurteile dich nicht. Geh und sündige von jetzt an nicht mehr!«** (vgl. Johannes 8,11).

Es bedeutet, mit jemandem zu bauen, der von der Höhe des Kreuzes aus seine Arme ausbreitet, um in alle Ewigkeit zu verkünden: **»Ich gebe mein Leben hin für dich, Mensch, weil ich dich liebe.«**

Auf Christus bauen bedeutet schließlich, **alle eigenen Wünsche, Erwartungen, Träume, Ambitionen und alle eigenen Pläne auf seinen Willen zu gründen.** Es bedeutet, sich selbst, seiner Familie, den Freunden, der ganzen Welt und vor allem Christus zu sagen: »Herr, in meinem Leben will ich nichts gegen dich tun, denn du weißt, was am besten für mich ist. Nur du hast Worte des ewigen Lebens« (vgl. Johannes 6,68).

Meine Freunde, fürchtet euch nicht, auf Christus zu setzen! Sehnt euch nach Christus als Fundament des Lebens!
Weckt in euch den Wunsch, euer Leben mit ihm und für ihn aufzubauen! Denn nie kann derjenige verlieren, der alles auf die gekreuzigte Liebe des fleischgewordenen Wortes setzt ...

Christus verspricht nicht, dass über das Haus, das wir bauen, nie ein Unwetter hereinbrechen wird, er verspricht nicht, dass das, was uns am teuersten ist, nicht durch eine zerstörerische Flutwelle fortgerissen wird, er verspricht nicht, dass Stürme nicht das wegfegen werden, was wir oft unter großen Opfern aufgebaut haben. Christus versteht nicht nur das Streben des Menschen nach einem dauerhaften Haus, sondern kennt auch ganz genau all das, was das Glück des Menschen zerstören kann.
Wundert euch also nicht über die Widrigkeiten des Lebens, was immer diese auch sein mögen!

Auf Fels gebaut

Lasst euch nicht durch sie entmutigen! Ein auf Fels gebautes Haus ist nicht gleichbedeutend mit einem Bau, der dem Spiel der Naturgewalten entzogen ist, die in das Geheimnis des Menschen eingeschrieben sind.

Auf Fels bauen bedeutet, die Gewissheit zu haben, dass es in schwierigen Zeiten eine sichere Kraft gibt, auf die man sich verlassen kann ...

Die **Angst vor Misserfolg** kann gelegentlich ein Hemmnis auch für die schönsten Träume sein, sie kann den Willen lähmen und den Menschen unfähig machen, an die Existenz eines auf Fels gebauten Hauses zu glauben. Sie kann uns einreden, dass die Sehnsucht nach dem Haus lediglich ein Jugendwunsch und kein Projekt für das ganze Leben ist.

Gemeinsam mit Jesus **sagt zu dieser Angst:** »Ein auf Fels gebautes Haus kann nicht einstürzen!«

Gemeinsam mit dem heiligen Petrus **sagt zur Versuchung des Zweifels:** »Wer an Christus glaubt, wird nicht zugrunde gehen!«

Seid Zeugen der Hoffnung, jener Hoffnung, die sich nicht fürchtet, das Haus des eigenen Lebens aufzubauen, denn sie weiß sicher, dass sie auf das Fundament bauen kann, das nie einstürzen wird: auf Jesus Christus, unseren Herrn.

Aus der Botschaft
zum XXIII. Weltjugendtag 2008
(Lorenzago, 20.7.2007)

DER
HEILIGE GEIST
IN EUREM LEBEN ......

Kurz vor seiner Himmelfahrt, hat Jesus zu seinen Jüngern gesagt: »Ich werde die Gabe, die mein Vater verheißen hat, zu euch herabsenden« (Lukas 24,49). Das wurde am Pfingsttag Wirklichkeit, als sie mit der Jungfrau Maria betend im Obergemach vereint waren ...

Der Heilige Geist erneuerte die Apostel in ihrem Inneren und erfüllte sie mit einer Kraft, die ihnen Mut gab, furchtlos zu verkünden: »Christus ist gestorben und auferstanden!« Frei von jeglicher Furcht, begannen sie freimütig zu reden (vgl. Apostelgeschichte 2,29; 4,13.29.31). Aus furchtsamen Fischern wurden sie zu mutigen Boten des Evangeliums. Sogar ihre Feinde vermochten nicht zu verstehen, wie »ungelehrte und einfache Leute« in der Lage sein konnten, solchen Mut zu zeigen und Widerspruch, Leiden und Verfolgungen mit Freude zu ertragen. **Nichts konnte sie aufhalten.** Jenen, die sie zum Schweigen bringen wollten, antworteten sie: »Wir können unmöglich schweigen über das, was wir gesehen und gehört haben« (4,20). So ist die Kirche entstanden, die seit dem Pfingsttag nicht aufgehört hat, die Frohe Botschaft »bis an die Grenzen der Erde« (1,8) zu verbreiten.

[Unser Vorbild]

Um aber die Sendung der Kirche zu verstehen, müssen wir in das Obergemach zurückkehren, wo die Jünger mit Maria, der »Mutter«, in Erwartung des verheißenen Heiligen Geistes im Gebet verharrten (vgl. Lukas 24,49). An dieser »Ikone« der entstehenden Kirche muss sich jede christliche Gemeinschaft beständig inspirieren. Die apostolische und missionarische Fruchtbarkeit ist nicht in erster Linie das Ergebnis von klug ausgearbeiteten und »wirksamen« pastoralen Programmen und Methoden, sondern sie ist Frucht des unaufhörlichen gemeinschaftlichen Gebetes (vgl. Paul VI., Evangelii nuntiandi, 75).

Die Wirksamkeit der Mission setzt außerdem voraus, dass die Gemeinden eins sind, das heißt **»ein Herz und eine Seele«** haben (vgl. Apostelgeschichte 2,32), und dass sie bereit sind, Zeugnis zu geben von der Liebe und der Freude, die der Heilige Geist in die Herzen der Gläubigen eingießt. Der Diener Gottes Johannes Paul II. schrieb, dass Mission noch vor aller Aktivität Zeugnis und Ausstrahlung bedeutet (vgl. Redemptoris missio, 26). So geschah es am Anfang des Christentums, als, wie Tertullian schreibt, die Heiden sich bekehrten, weil sie die Liebe sahen, die zwischen den Christen herrschte: »Seht, sagen sie, wie sie einander lieben« (vgl. Apologeticus, 39 §7) ...

Der Heilige Geist ist das höchste Geschenk Gottes an den Menschen, das heißt das höchste Zeugnis seiner Liebe zu uns, einer Liebe, die konkreten Ausdruck findet im »Ja zum Leben«, das Gott für jedes seiner Geschöpfe will. Dieses »Ja zum Leben« erreicht seine vollkommene Gestalt in Jesus von Nazaret und seinem Sieg über das Böse durch die Erlösung. Vergessen wir in diesem Zusammenhang nie, dass das Evangelium Jesu, gerade durch die Kraft des Heiligen Geistes, sich nicht auf eine reine Feststellung beschränkt, sondern zur »guten Nachricht für die Armen, zur Befreiung für die Gefangenen, zum Augenlicht für die Blinden ...« werden will. Das ist es, was sich voller Kraft am Pfingsttag offenbarte und zur Gnade und Aufgabe der Kirche gegenüber der Welt wurde, ihre hauptsächliche Mission.

Wir sind die Früchte dieser Mission der Kirche durch das Wirken des Heiligen Geistes. Wir tragen in uns jenes Siegel der Liebe des Vaters in Jesus Christus, das der Heilige Geist ist.

Vergessen wir das nie, weil der Geist des Herrn sich immer an jeden von uns erinnert und vor allem durch euch Jugendliche in der Welt den Wind und das Feuer eines neuen Pfingsten bewirken will.

[Der Geist wirkt auch heute!]

Liebe Jugendliche, auch heute wirkt der Heilige Geist weiterhin kraftvoll in der Kirche und seine Früchte sind in dem Maße reich, in dem wir bereit sind, uns seiner erneuernden Kraft zu öffnen. Deshalb ist es wichtig, dass ihn jeder von uns kennt, mit ihm in Beziehung tritt und sich von ihm führen lässt. Aber an diesem Punkt stellt sich natürlich eine Frage:

Wer ist der Heilige Geist für mich?

Für nicht wenige Christen ist er tatsächlich weiterhin der »große Unbekannte«. Deshalb wollte ich ... einladen, die persönliche Kenntnis des Heiligen Geistes zu vertiefen. In unserem Glaubensbekenntnis beten wir: »Ich glaube an den Heiligen Geist, der Herr ist und lebendig macht, der aus dem Vater und dem Sohn hervorgeht.«

Ja, der Heilige Geist, der Geist der Liebe des Vaters und des Sohnes, ist Quelle des Lebens, die uns heiligt, »denn die Liebe Gottes ist ausgegossen in unsere Herzen durch den Heiligen Geist, der uns gegeben ist« (Römer 5,5). Dennoch reicht es nicht, ihn nur zu kennen; er muss als Führer unserer Seelen angenommen werden, als »innerer Lehrmeister«, der uns in das Geheimnis der Trinität einführt, denn nur er kann uns für den Glauben offen machen und uns ermöglichen, ihn jeden Tag in Fülle zu leben. Er treibt uns an, den anderen zu begegnen, er entzündet in uns das Feuer der Liebe, er macht uns zu Missionaren der Liebe Gottes.

Ich weiß sehr wohl, was für eine große Wertschätzung und Liebe zu Jesus ihr in eurem Herzen tragt, wie sehr ihr ihm begegnen und mit ihm sprechen wollt. Nun, bedenkt, dass es gerade die Gegenwart des Heiligen Geistes in uns ist, die unsere Person nach der Person des gekreuzigten und auferstandenen Jesus bildet, sie kräftigt und aufbaut. Werden wir also mit dem Heiligen Geist vertraut, um es mit Jesus zu sein.

Aber, so werdet ihr sagen, wie können wir uns vom Heiligen Geist erneuern lassen und in unserem geistlichen Leben wachsen? Wie ihr wisst, lautet die Antwort darauf: Das kann man durch die Sakramente, weil der Glaube durch die Sakramente in uns entsteht und sich kräftigt, vor allem durch die Sakramente der christlichen Initiation: die Taufe, die Firmung und die Eucharistie, die einander ergänzen und untrennbar voneinander sind (vgl. Katechismus der Katholischen Kirche, 1285).

Diese Wahrheit über die drei Sakramente, die am Anfang unseres Christseins stehen, wird vielleicht im Glaubensleben nicht weniger Christen vernachlässigt, für die es in der Vergangenheit vollzogene Handlungen sind, die keinen wirklichen Einfluss auf das Heute haben, wie Wurzeln ohne Lebenssaft. Es kommt vor, dass sich manche Jugendliche nach dem Empfang des Sakramentes der Firmung von einem Leben aus dem Glauben entfernen. Und es gibt auch Jugendliche, die dieses Sakrament gar nicht empfangen. Und dennoch geschieht es durch die Sakramente der Taufe, der Firmung und in beständiger Weise durch die Eucharistie, dass der Heilige Geist uns zu Söhnen und Töchtern des Vaters, zu Brüdern und Schwestern Jesu und Gliedern seiner Kirche macht; er befähigt uns in der Freude des Glaubens zu einem wahren Zeugnis für das Evangelium.

[Die Firmung]

Deshalb lade ich euch ein, über das nachzudenken, was ich euch hier schreibe. Heute ist es besonders wichtig, das Sakrament der Firmung und seinen Wert für unser geistliches Wachstum wiederzuentdecken. Wer die Sakramente der Taufe und der Firmung empfangen hat, soll sich daran erinnern, dass er »Tempel des Heiligen Geistes « geworden ist: **Gott wohnt in ihm**. Er soll sich dessen bewusst sein und dafür sorgen, dass der Schatz, der in ihm ist, Früchte der Heiligkeit trägt. Wer getauft ist, aber das Sakrament der Firmung noch nicht empfangen hat, möge sich darauf vorbereiten, es zu empfangen in dem Wissen, dass er so ein »vollendeter« Christ wird, denn die Firmung vervollkommnet die Taufgnade (vgl. KKK, 1302-1304).

Die Firmung verleiht uns eine besondere Kraft, um mit unserem ganzen Leben Gott zu bezeugen und zu verherrlichen (vgl. Römer 12,1); sie macht uns zutiefst unsere Zugehörigkeit zur Kirche, dem »Leib Christi«, bewusst, dessen lebendige, untereinander solidarische Glieder wir sind (vgl. 1 Korinther 12,12-25). Wenn er sich vom Heiligen Geist führen lässt, kann **jeder** Getaufte seinen eigenen **Beitrag zum Aufbau** der Kirche leisten, dank der Charismen, die er verleiht, denn jedem »wird die Offenbarung des Geistes geschenkt, damit sie anderen nützt« (1 Korinther 12,7). Und wenn der Geist handelt, bringt er im Herzen seine Früchte: »Liebe, Freude, Friede, Langmut, Freundlichkeit, Güte, Treue, Sanftmut und Selbstbeherrschung« (Galater 5,22). An alle unter euch, die das Sakrament der Firmung noch nicht empfangen haben, richte ich die herzliche Einladung, sich auf den Empfang vorzubereiten und eure Priester um Hilfe zu bitten. Es ist eine besondere **Gelegenheit** der Gnade, die der Herr euch anbietet: **Lasst sie euch nicht entgehen!**

[Die Eucharistie]

Ich möchte hier ein Wort über die Eucharistie hinzufügen. Um im christlichen Leben zu wachsen, ist es notwendig, sich mit dem Leib und dem Blut Christi zu nähren: denn wir sind getauft und gefirmt im Hinblick auf die Eucharistie (vgl. KKK, 1322; Sacramentum caritatis, 17). Als »Quelle und Höhepunkt« des kirchlichen Lebens ist die Eucharistie ein »fortwährendes Pfingsten«, denn jedes Mal, wenn wir die heilige Messe feiern, **empfangen** wir den Heiligen Geist, der uns tiefer mit Christus vereint und uns ihm ähnlich macht.

Wenn ihr, liebe Jugendliche, häufig an der Eucharistiefeier teilnehmt, wenn ihr ein wenig eurer Zeit der **Anbetung** des Allerheiligsten Sakraments widmet, werdet ihr von der Quelle der Liebe, der Eucharistie, die freudige Entschlossenheit erhalten, das Leben der Nachfolge des Evangeliums zu widmen. Zugleich werdet ihr erfahren, dass dort, wo **unsere Kräfte nicht ausreichen**, es der Heilige Geist ist, der uns verwandelt, uns seine Kraft schenkt und uns zu Zeugen macht, die vom missionarischen Eifer des auferstandenen Christus erfüllt sind.

[Angst vor der Zukunft?]

Viele Jugendliche blicken angstvoll auf ihr Leben und stellen sich viele Fragen über ihre Zukunft. Sie fragen sich besorgt: Wie soll man sich in eine Welt einfügen, die von zahlreichen und schweren **Ungerechtigkeiten** und Leiden gezeichnet ist? Wie soll man auf den **Egoismus** und die **Gewalt** reagieren, die manchmal das Übergewicht zu haben scheinen? Wie soll man seinem Leben vollen Sinn geben? Wie kann man dazu beitragen, dass die Früchte des Geistes, die wir oben genannt haben – »Liebe, Freude, Friede, Langmut, Freundlichkeit, Güte, Treue, Sanftmut und Selbstbeherrschung« –, diese **verletzte und zerbrechliche Welt** überfluten, die Welt der Jugendlichen vor allem? Unter welchen Bedingungen kann der Leben schenkende Geist der ersten Schöpfung und vor allem der zweiten Schöpfung, das heißt der Erlösung, die Seele der neuen Menschheit werden?

Vergessen wir nicht, dass je größer die Gabe Gottes ist – und die Gabe des Geistes Jesu ist die allergrößte Gabe –, desto größer ist auch das

Bedürfnis der Welt, ihn zu empfangen, und deshalb ist die Mission der Kirche, davon glaubhaft Zeugnis zu geben, groß und begeisternd ...

[Zeugen Christi werden]

Diesbezüglich liegt es mir am Herzen, liebe Freunde, euch hier an einige grundlegende Wahrheiten zu erinnern, über die ihr nachdenken sollt. Noch einmal wiederhole ich euch:

Nur Christus kann die tiefste Sehnsucht des menschlichen Herzens erfüllen;

nur er kann die Menschheit »menschlich« machen und sie zu ihrer »Vergöttlichung« führen.

Mit der Macht des Heiligen Geistes gießt er die göttliche Liebe in uns ein, die uns fähig macht, den Nächsten zu lieben, und dazu bereit, ihm zu dienen. Der Heilige Geist erleuchtet, indem er den gekreuzigten und auferstandenen Christus offenbart, er zeigt uns den Weg, ihm ähnlicher zu werden, das heißt um »Ausdruck und Organ seiner Liebe« (Enzyklika Deus caritas est, 33) zu sein. Und wer sich vom Geist leiten lässt, versteht, dass sich in den Dienst des Evangeliums zu stellen keine fakultative Entscheidung ist, weil er merkt, wie dringend es ist, diese gute Nachricht auch an die anderen weiterzugeben. Dennoch – und daran soll noch einmal erinnert werden – können wir Zeugen Christi nur dann sein, wenn wir uns vom Heiligen Geist führen lassen, der der »Erstbeweger der Evangelisierung« (vgl. Evangelii nuntiandi, 75) und die »Hauptperson der Mission« ist (vgl. Redemptoris missio, 21) ...

[Intolerant?]

Manche meinen, es sei intolerant, den wertvollen Schatz des Glaubens denen vorzulegen, die ihn nicht teilen, aber dem ist nicht so, denn Christus vorzustellen bedeutet **nicht, ihn aufzuzwingen** (vgl. Evangelii nuntiandi, 80).
Im Übrigen haben vor zweitausend Jahren die zwölf Apostel ihr Leben hingegeben, damit Christus gekannt und geliebt würde. Seit damals verbreitet sich das Evangelium über die Jahrhunderte hinweg weiterhin durch Männer und Frauen, die von demselben missionarischen Eifer beseelt sind. Deshalb ist es auch heute notwendig, dass es Jünger Christi gibt, die weder Zeit noch Kräfte sparen, um dem Evangelium zu dienen.

Es muss Jugendliche geben, die in sich die Liebe Gottes brennen lassen und großherzig auf seinen dringlichen Ruf antworten.

Treffen mit Jugendlichen
in Assisi
(17.6.2007)

FRANZISKUS FASZINIERT BIS HEUTE ....

Der heilige Franziskus spricht alle an, aber ich weiß, dass er gerade auf euch junge Menschen eine besondere Anziehungskraft ausübt ...

[Einer wie viele ...]

Seine Bekehrung geschah, als er auf dem Höhepunkt seiner Kräfte, seiner Erfahrungen, seiner Träume war. Er hatte 25 Jahre gelebt, ohne den Sinn des Lebens zu verstehen. Wenige Monate bevor er starb, sollte er sich an diese Zeit erinnern als eine Zeit, in der er »in Sünden war«.
An was dachte Franziskus, wenn er von Sünden sprach? Aus den Biografien, von denen jede ihr eigenes Profil hat, ist dies nicht leicht zu ersehen. Ein eindrucksvolles Bild seiner Art zu leben findet sich in der Dreigefährtenlegende, wo zu lesen ist: »Er war freigebiger und heiterer als sein Vater. Er tat sich mit Gleichgesinnten zusammen und durchzog, **dem Spiel und Sang ergeben,** Tag und Nacht die Stadt Assisi. Dabei war er so freigebig, dass er alles, was er haben und gewinnen konnte, für Gastmähler und andere Dinge gebrauchte.«

Über wie viele Jugendliche auch unserer Tage könnte man nicht etwas Ähnliches sagen? Heute besteht zudem die Möglichkeit, sich weit über die eigene Stadt hinaus zu vergnügen. Die Veranstaltungen an den Wochenenden ziehen viele Jugendliche an. Man kann auch »virtuell« im **Internet** »umherziehen« auf der Suche nach Informationen oder Kontakten jeder Art. Leider gibt es auch Jugendliche – und es sind viele, zu viele! –, die ebenso oberflächliche wie zerstörerische geistige Welten in den künstlichen Paradiesen der Droge suchen. Wie sollte man nicht sehen, dass viele junge Menschen – und auch weniger junge Menschen – versucht sind, dem Leben des jungen Franziskus zu folgen, das er vor seiner Bekehrung geführt hat?

Hinter dieser Art zu leben stand die **Sehnsucht nach Glück**, die es in jedem menschlichen Herz gibt. Aber konnte dieses Leben wahre Freude schenken? Franziskus hat sie sicher nicht gefunden. Ihr selbst, liebe Jugendliche, könnt aufgrund eurer eigenen Erfahrung diese Tatsache überprüfen. Die Wahrheit ist, dass die endlichen Dinge eine Ahnung von der Freude vermitteln können, aber nur der Unendliche kann das Herz erfüllen: Das hat ein anderer großer Bekehrter gesagt, der heilige Augustinus: »Du hast uns auf dich hin geschaffen, o Herr, und ruhelos ist unser Herz, bis es ruhet in dir.«

Derselbe biografische Text berichtet uns, dass Franziskus ziemlich eitel war. Es gefiel ihm, teure Kleider anfertigen zu lassen, und er suchte aufzufallen. In der Eitelkeit, in dem Wunsch **aufzufallen**, gibt es etwas, das uns in irgendeiner Weise alle betrifft. Heute pflegt man von der **»Imagepflege«** oder »Imagesuche« zu sprechen. Um ein Minimum an Erfolg haben zu können, ist es nötig, sich in den Augen der anderen mit etwas Außergewöhnlichem, Originellem Geltung zu verschaffen. In beschränktem Maß kann dies ein Ausdruck des unschuldigen Wunsches sein, gut aufgenommen zu werden. Aber oft schleicht sich der Stolz ein, die übertriebene Suche nach uns selbst, der Egoismus und der Wille zu herrschen. In Wirklichkeit ist es eine tödliche Falle, das Leben auf sich selbst zu konzentrieren: Wir können nur wir selbst sein, wenn wir uns der Liebe öffnen, indem wir Gott und unsere Brüder und Schwestern lieben.

Eine Eigenschaft, die Franziskus' Zeitgenossen beeindruckte, war auch sein Ehrgeiz, sein Durst nach Ruhm und **Abenteuer**. Das war es, was ihn auf das Schlachtfeld brachte, mit dem Ergebnis, dass er ein Jahr als Gefangener in Perugia war. Nach seiner Befreiung brachte ihn dieselbe Ruhmsucht dazu, in einer neuen militärischen Unternehmung nach Apulien zu gehen. Aber bei eben dieser Gelegenheit, in Spoleto, wurde der Herr in seinem Herzen gegenwärtig, führte ihn dazu, umzukehren und ernsthaft auf sein Wort zu hören. Es ist interessant anzumerken, dass der Herr Franziskus so nimmt, wie er ist, das heißt mit seinem Willen, berühmt zu werden, um ihm den Weg eines heiligen Ehrgeizes zu weisen, der ins Unendliche gerichtet ist: »Wer kann dir Besseres geben, der Herr oder der Knecht?«, so lautete die Frage, die in seinem Herzen widerhallte. Das bedeutete so viel wie:

Warum gibst du dich damit zufrieden, in der Abhängigkeit von Menschen zu bleiben, wenn Gott bereit ist, dich in sein Haus und in seinen königlichen Dienst aufzunehmen? ...

[Ein neuer Anfang]

Franziskus hat in seinem Herzen die Stimme Christi gehört, und was geschieht? Es geschieht, dass er versteht: Er muss sich in den Dienst der Nächsten stellen, besonders derer, die am meisten leiden. Das ist die Folge dieser ersten Begegnung mit der Stimme Christi. Es waren die Aussätzigen: die Geringsten, die Ausgegrenzten, gegenüber denen Franziskus ein unüberwindliches Gefühl der **Abscheu** empfand. Von der Gnade ergriffen, öffnete er ihnen sein Herz. Und er tat dies nicht nur durch ein mitleidsvolles Almosen, das wäre zu wenig, sondern indem er sie **küsste** und ihnen diente. Er selbst bekennt, dass das, was ihm vorher bitter vorkam, »in Süßigkeit der Seele und des Leibes« verwandelt wurde.

[Christus im Blick]

Die Gnade beginnt also, Franziskus zu formen. Er wird immer fähiger, seinen Blick fest auf das Antlitz Christi zu richten und dessen Stimme zu hören. An diesem Punkt richtete der Gekreuzigte von »San Damiano« das Wort an ihn und berief ihn zu einer schwierigen Mission: »Franziskus, geh hin und stell mein Haus wieder her, das, wie du siehst, ganz verfallen ist!« ... Es ist das Bild des gekreuzigten und auferstandenen Christus, Leben der Kirche, der, wenn wir aufmerksam sind, auch in uns spricht, wie er vor 2000 Jahren zu seinen Aposteln und vor 800 Jahren zu Franziskus gesprochen hat. Die Kirche lebt beständig aus dieser Begegnung.

Ja, liebe Jugendliche: Lassen wir es zu, dass Christus uns begegnet! Vertrauen wir ihm, hören wir auf sein Wort. In ihm begegnen wir nicht nur einem faszinierenden Menschen. Sicher ist er vollkommen Mensch und uns in allem ähnlich, außer der Sünde (vgl. Hebräer 4,15). Aber er ist auch sehr viel mehr: Gott ist in ihm Mensch geworden und deshalb ist er der einzige Retter, wie sein Name sagt: »Jesus«, das heißt »Gott rettet«. Nach Assisi kommt man, **um von Franziskus das Geheimnis zu lernen, wie man Jesus erkennt und ihn erfährt.**

Nach den Worten seines ersten Biografen empfand Franziskus für Jesus Folgendes:

»Jesus trug er stets im Herzen, Jesus im Munde, Jesus in den Ohren, Jesus in den Augen, Jesus in den Händen, Jesus in den übrigen Gliedern ... Oft, wenn er seines Weges ging und ›Jesus‹ dachte oder sang, vergaß er seines Weges und forderte alle Elemente auf zum Lobe Jesu.«

So sehen wir, dass die Gemeinschaft mit Jesus auch das Herz und die Augen für die Schöpfung öffnet. Franziskus war in der Tat ein wahrhaft in

Jesus Verliebter. Er begegnete ihm im Wort Gottes, in den Brüdern, in der Natur, aber vor allem in seiner eucharistischen Gegenwart. Dazu schrieb er in seinem Testament: »Leiblicherweise sehe ich von ihm, dem höchsten Sohn Gottes, in dieser Welt nichts als seinen heiligsten Leib und sein heiligstes Blut.« Das Weihnachtsfest in Greccio ist Ausdruck seines Wunsches, ihn in der zarten Menschennatur des Kindes zu betrachten. Die Erfahrung von La Verna, wo er die Stigmata erhalten hat, zeigt die tiefe Vertrautheit, die er in der Beziehung zum gekreuzigten Christus erreicht hat. Er konnte wirklich mit Paulus sagen: »Für mich ist Christus das Leben« (Philipper 1,21). Wenn er alles verlässt und die Armut wählt, dann ist der Grund dafür Christus – und nur Christus. Jesus ist sein Ein und Alles: und das genügt ihm!

[Leben für die Kirche]

Weil er Christus gehört, ist Franziskus auch ein Mann der Kirche. Vom Gekreuzigten in »San Damiano« hatte er die Anweisung erhalten, das Haus Christi, das die Kirche ist, wiederherzustellen. Zwischen Christus und der Kirche gibt es eine innere und unauflösliche Verbindung. Dazu gerufen zu werden, sie wieder herzustellen, beinhaltete in der Sendung des heiligen Franziskus sicher etwas ganz Persönliches und Neues. Zugleich war diese Aufgabe im Grunde nichts anderes als die Verantwortung, die Christus jedem Getauften überträgt. Auch zu jedem von uns sagt er: »Geh und stelle mein Haus wieder her!« Wir alle sind dazu berufen, in jeder Generation von neuem das Haus Christi, die Kirche, wiederherzustellen. Nur wenn wir dies tun, lebt die Kirche und wird sie schön. Und wie wir wissen, gibt es sehr viele Arten, das Haus Gottes, die Kirche, wiederherzustellen, es aufzubauen, es zu errichten. Es wird aufgebaut durch die verschiedensten Berufungen, von der Berufung als Laie und als Familie bis hin zu einem Leben der besonderen Weihe und der Priesterberufung ... Wenn der Herr jemand von euch zu diesem großen Dienst berufen sollte oder auch zu einer Form des geweihten Lebens, zögert nicht, euer »Ja« zu sagen. Ja, es ist nicht leicht, aber es ist **schön**, dem Herrn zu dienen, es ist schön, sein Leben für ihn hinzugeben! ...

[Lob der Schöpfung]

Wie in konzentrischen Kreisen breitet sich Franziskus' Liebe zu Jesus nicht nur auf die Kirche aus, sondern auf alle Dinge, die er in Christus und durch Christus sieht. Von dort her entsteht der Lobpreis auf die Geschöpfe, in welchem das Auge auf dem Glanz der Schöpfung ruht: von Schwester Sonne und Bruder Mond hin zu Schwester Wasser und Bruder Feuer. Sein innerer Blick ist so rein und durchdringend geworden, dass er die **Schönheit** des Schöpfers in der Schönheit der Geschöpfe wahrnimmt. Noch bevor der Sonnengesang ein sehr hohes Beispiel der Dichtkunst und eine implizite Einladung zum Respekt der Natur ist, ist er ein Gebet, ein an den Herrn, den Schöpfer aller Dinge, gerichtetes Lob.

[Einsatz für den Frieden]

Im Zeichen des Gebetes ist auch der Einsatz des heiligen Franziskus für den Frieden zu sehen. Dieser Aspekt seines Lebens ist von großer Aktualität in einer Welt, die den Frieden so nötig hat und den Weg dazu nicht findet. Franziskus war ein Mann des Friedens und ein Friedensstifter. Das zeigte sich auch in der Sanftmut, mit der er – ohne jedoch jemals seinen Glauben zu verschweigen – Menschen anderen Glaubens gegenübertrat, wie es seine Begegnung mit dem Sultan zeigt.

Wenn heute der interreligiöse Dialog, besonders nach dem Zweiten Vatikanischen Konzil, zu einem gemeinsamen und unverzichtbaren Erbe der christlichen Sensibilität geworden ist, kann uns Franziskus helfen, einen echten Dialog zu führen, ohne in eine Haltung der Gleichgültigkeit gegenüber der Wahrheit zu verfallen und ohne eine Abschwächung unserer christlichen Verkündigung. **Dass er ein Mann des Friedens, der Toleranz, des Dialogs war, entsprang immer seiner Erfahrung eines Gottes, der Liebe ist. Sein Friedensgruß ist nicht ohne Grund ein Gebet:**

»Der Herr gebe dir den Frieden!«

Quellenverzeichnis

(in chronologischer Reihenfolge; die Seitenzahlen beziehen sich auf die Zitate bzw. Auszüge in diesem Buch)

Botschaft von Papst Benedikt XVI. zum 1. Nationalen Katholischen Jugendtag in Nieuwegen/Niederlande, 21.11.2005: S. 12, 13, 14, 15, 17.

Botschaft von Papst Benedikt XVI. zum XXI. Weltjugendtag, 2006: „Dein Wort ist meinem Fuß eine Leuchte, ein Licht für meine Pfade" (Ps 118 [119], 105), Vatikan, 22.2.2006: S. 78-81.

Treffen von Papst Benedikt XVI. mit den Jugendlichen der Diözese Rom zur Vorbereitung des XXI. Weltjugendtags, Petersplatz, 6.4.2006: S. 39-42.

Eucharistiefeier am Palmsonntag: Predigt von Papst Benedikt XVI., Petersplatz, XXI. Weltjugendtag, 9.4.2006: S. 84-89.

Apostolische Reise nach Polen: Ansprache von Papst Benedikt XVI. vor Jugendlichen, Krakau, Blonie-Park 27.5.2006: S. 92-96.

Besuch im römischen Jugendgefängnis „Casal del Marmo": Predigt von Papst Benedikt XVI., Kapelle „Padre Misericordioso", 18.3.2007: S. 69-75.

Bußgottesdienst für die Jugendlichen der Diözese Rom zur Vorbereitung des XXII. Weltjugendtages: Predigt von Papst Benedikt XVI., Petersdom, 29.3.2007: S. 21, 22, 25.

Pastoralbesuch in Vigevano und Pavia: Grußworte von Papst Benedikt XVI. an die Jugendlichen der Diözese Pavia, Domplatz/Pavia, 21.4.2007: S. 18.

Apostolische Reise von Papst Benedikt XVI. nach Brasilien: Ansprache vor Jugendlichen, Stadion von Pacaembu, São Paulo, 10.5.2007: S. 16, 19, 23f, 28, 32, 58-65.

Pastoralbesuch von Papst Benedikt XVI. in Assisi; Ansprache vor Jugendlichen, Vorplatz der Basilika „Santa Maria degli Angeli", 17.6.2007: S. 110-117.

Botschaft von Papst Benedikt XVI. zum XXIII. Weltjugendtag, 2008: „Ihr werdet die Kraft des Heiligen Geistes empfangen, der auf euch herabkommen wird; und ihr werdet meine Zeugen sein" (Apg 1,8), Lorenzago, 20.7.2007: S. 29, 98-107.

Pastoralbesuch Benedikt XVI. in Loreto aus Anlass der Agora der italienischen Jugendlichen:
– Begegnung mit den Jugendlichen, Piana di Montorso, 1.9.2007: S. 9, 10, 30, 31, 33-38, 42-55.
– Predigt bei der Eucharistiefeier, Piana di Montorso, 2.9.2007: S. 20, 26f.

© **für sämtliche zitierten Texte:**
Libreria Editrice Vaticana, Vatikan 2008.

Von der Freude an Gott
Hundert Worte
von Benedikt XVI.

*Worte über Gott, über einen Glauben, der Herz und Verstand berührt und erhellt. Ausgewählt aus Predigten und Ansprachen des Papstes während seiner Deutschlandbesuche, u. a. vom Weltjugendtag in Köln.
112 Seiten, gebunden,
ISBN 978-3-87996-699-8*

Marcus C. Leitschuh/
Stephan Weiler
31 Tage mit Gott

*Jeden-Tag-Texte für junge Menschen.
Notizen, Gedanken, Gebete: Ausdruck der Suche nach Gott, Fragen nach Gott, Erfahrungen mit Gott.
72 Seiten, kartoniert,
ISBN 978-3-87996-727-8*

Mehr unter **www.neuestadt.com**